BUCKET LIST FÜR PAARE XXL

Über 500 Erlebnisse für
eine tolle gemeinsame Zeit
in der Partnerschaft

inkl. Ideen für Dates, Reisen,
Abenteuer uvm.

Leonie Köhler

Originale Erstauflage

Alle Rechte, insbesondere Verwertung und Vertrieb der Texte, Tabellen und Grafiken, vorbehalten.

Copyright © 2021 by Eulogia Verlags GmbH

Softcover: 978-3-96967-039-2

Redaktion: Finn Alexander Dubbels

Lektorat: Matthias Kramer

Druck/Auslieferung: Amazon.com oder eine Tochtergesellschaft

Cover: song_about_summer - shutterstock.com

Impressum:

Eulogia Verlags GmbH

Nagelsweg 22a

20097 Hamburg

Deutschland

Wir wünschen viel Vergnügen beim Lesen!

BUCKET LIST FÜR PAARE XXL

INHALTSVERZEICHNIS

1. Vorwort 2
2. Eine glückliche Partnerschaft ist ein fortwährender Prozess 4
   - 2.1. Das Fundament einer erfüllenden Beziehung 10
   - 2.2. Gemeinsame Erlebnisse und unvergessliche Erfahrungen 26
3. Der Beginn von etwas Großem 30
   - 3.1. Widmung 32
   - 3.2. Vorstellung 32
   - 3.3. Unvergessliche Momente 35
   - 3.4. Offenbarung 36
4. Die Bucket List 38
   - 4.1. Was hat es mit der Bucket List auf sich? 39
   - 4.2. Ein Leben ohne Abstriche 40
   - 4.3. Das Verfassen der gemeinsamen Bucket List 50
   - 4.4. Probleme existieren, um gelöst zu werden 55
   - 4.5. 500 Ideen für die Bucket List 60
   - 4.6. Wichtiger Hinweis 162
5. Eine Geschichte über die Bucket List zum Nachdenken 163
6. Schlusswort 167

1. Vorwort

Der Anfang einer Beziehung hat eine gewisse Magie. Alles ist neu. Alles ist aufregend und ihr erlebt viele erste Male zusammen. Im weiteren Verlauf der Beziehung schleicht sich jedoch bei den meisten Paaren eine gewisse Gewohnheit ein. Der Alltag übernimmt die Führung in der Beziehung. Das führt nicht selten dazu, dass sich Paare entfremden. Auch die negativen Aspekte gewinnen immer mehr an Aufmerksamkeit. Dabei sollte der Fokus eigentlich auf der Beziehung und auf der Liebe liegen.

Dieses Buch soll euch dazu dienen, wieder mehr Schwung in eure Beziehung zu bringen. Jede Beziehung durchläuft verschiedene Phasen. Doch es liegt in eurer Verantwortung, was ihr daraus macht. Genauso könnt ihr auch Gewohnheitsmuster durchbrechen und euch wieder auf die schönen Seiten eurer Beziehung konzentrieren. Denkt einmal daran zurück, wie der Anfang eurer Beziehung war. Ihr habt sehr wahrscheinlich viel unternommen und zusammen die Welt entdeckt. Das hat euch zusammengeschweißt und euch glücklich gemacht. Dieses Glück könnt ihr zurück in eure Beziehung holen. Dieses Buch ist kein Beziehungsratgeber und maßt sich dieses auch nicht an. Wenn ihr wirklich ernsthafte Probleme habt, solltet ihr eine Beziehungsberatung in Anspruch nehmen. Das Buch will lediglich eine eingeschlafene Beziehung wieder zu Leben erwecken.

1. VORWORT

Jede Beziehung verdient eine zweite Chance. Denn häufig treten die gleichen Probleme auch in einer neuen Beziehung auf. Daher lohnt es sich Energie und Arbeit in eure Beziehung zu investieren, um langfristig wieder glücklich zu werden und Spaß in der Beziehung zu haben.

Eine Möglichkeit, um eure Beziehung wieder aufzufrischen, ist das Erreichen eurer Ziele und Träume. Wenn ihr gemeinsam an euren Zielen und Träumen arbeitet und diese Realität werden lasst, wird euch das wieder näher bringen. Das Buch soll euch als Inspiration dienen. Eine Bucket List repräsentiert, was ihr in eurem Leben erreichen möchtet. Dabei könnt ihr eure Ideen auf diese Bucket List stützen. Hier findet ihr 500 Ideen mit möglichen Träumen und Zielen.

Das wird nicht nur eure Beziehung bereichern, sondern auch das Leben jedes Einzelnen von euch. Ihr stellt euch beide verschiedenen Herausforderungen und tretet so gemeinsam aus eurer Komfortzone heraus. Das wird euch ein Glücksgefühl verschaffen und ihr werdet das Leben in vollen Zügen genießen.

Das Buch eignet sich für alle Paare. Egal, wie alt ihr seid, welche sexuelle Orientierung ihr habt oder wie lange eure Beziehung schon besteht. Es geht darum eine abenteuerlustige, spontane und lebensbejahende Partnerschaft zu führen, offen und ehrlich im Alltag miteinander umzugehen und damit die Partnerschaft zu bereichern. Ihr solltet bereit sein, euch aktiv in die Partnerschaft mit einzubringen und natürlich Veränderungen gegenüber offen stehen.

2. Eine glückliche Partnerschaft ist ein fortwährender Prozess

In diesem Kapitel geht es darum, dass ihr euch auf eure gemeinsamen Werte in der Beziehung zurück besinnt. Im Alltag gehen diese Werte schnell einmal verloren, besonders, wenn man sich nicht ausreichend Zeit für den eigenen Partner nimmt. Doch es gibt einen Grund, warum ihr damals zueinander gefunden und euch verliebt habt. Es gab eine tiefe Verbindung zwischen euch, die ihr beide spüren konntet. Wenn diese Verbindung etwas eingeschlafen ist, ist dies kein Grund dafür direkt das Handtuch zu werfen und Ausschau nach einem neuen Partner zu halten. Denn auch mit einem neuen Partner wirst du früher oder später an den gleichen Punkt gelangen, wenn du nicht in die Beziehung investierst. Es ist wie ein Kreislauf, der sich stetig wiederholt, wenn er nicht durchbrochen wird.

Ich möchte dir in diesem Kapitel zeigen, worauf eine glückliche Beziehung basiert. Es gibt einige Eckpfeiler, die jeder Beziehung zu Grunde liegen. Jede Beziehung braucht eine gesunde Basis, um wachsen zu können. Genauso wie Pflanzen Wurzeln brauchen, um wachsen zu können, brauchen auch Beziehungen Wurzeln, woraus sie ihre Energie ziehen.

2. EINE GLÜCKLICHE PARTNERSCHAFTPROZESS

Das wird euch auch helfen, schwierige Zeiten besser zu überstehen. Jede Beziehung durchlebt mit der Zeit Höhen und Tiefen. Das ist ganz normal und lässt sich leider nicht vermeiden. Das Leben hält immer Überraschungen für uns bereit. Daran können wir nichts ändern. Das verhält sich auch nicht anders, wenn man alleine lebt. Der Vorteil einer Beziehung liegt aber darin, dass man einen Partner hat, auf den man sich stützen kann. Ihr könnt gemeinsam durch stürmische Zeiten gehen und euch gegenseitig Schutz gebieten.

Auch innerhalb der Beziehung wird es immer wieder Zeiten geben, die schwierig sind. Vielleicht lebt man sich auseinander, oder es gibt regelmäßig Streit, obwohl einem die wirkliche Ursache nicht einmal bewusst ist. Schicksalsschläge können die Beziehung auf die Probe stellen. Doch mit einem guten Fundament können diese Hindernisse überwunden werden und ihr könnt an diesen Herausforderungen gemeinsam wachsen.

Mithilfe des Fundaments könnt ihr auch die verschiedenen Phasen einer Beziehung besser überstehen. Jede Beziehung durchläuft verschiedene Phasen, die mehr oder weniger ausgeprägt sein können:

Phase der Verliebtheit: Du bist verliebt. Du schwebst auf einer rosa roten Wolke dahin und kannst dir keinen besseren Menschen an deiner Seite vorstellen. Endlich hast du deinen Traumpartner gefunden! Dein Alltag hat wieder einen Sinn und du möchtest am liebsten jede freie Zeit mit deinem Partner verbringen. Alles andere wird plötzlich unwichtig. Dein kompletter Körper ist vollgepumpt mit Dopamin, Serotonin und Noradrenalin - den Glückshormonen. Dazu gesellen sich Östrogen und Testosteron,

2. EINE GLÜCKLICHE PARTNERSCHAFTPROZESS

welche die Leidenschaft entfachen. In dieser Zeit lernst du deinen neuen Partner intensiv kennen. Diese Anfangszeit ist sehr wichtig, denn sie bilden die Basis ihrer Beziehung. Zudem schafft diese Phase gemeinsame Erinnerungen, an die ihr zurückdenken könnt, wenn es einmal kriseln sollte.

Phase der Ernüchterung: Die rosa rote Wolke wird plötzlich löchrig und ehe du dich versiehst, landest du auf dem Boden der Tatsachen. Die Realität hat dich zurück und plötzlich ist dein Partner gar nicht mehr so perfekt wie er einmal schien. Du erkennst plötzlich negative Seiten und Schwächen an deinem Partner, die du zuvor überhaupt nicht wahrgenommen hast. Enttäuschung macht sich breit. Nicht selten kommt es in dieser Phase bereits zu vermehrten Trennungen. Der Partner ist plötzlich nicht mehr aufmerksam und scheint nicht mehr so verrückt nach dir zu sein, wie in der Anfangszeit. Auch du genießt es wieder einmal für dich alleine zu sein und deinen Alltag zu regeln. Die Phase der Ernüchterung ist ebenfalls ein wichtiger Bestandteil. Andernfalls würde dein Leben im vollkommenen Chaos versinken und du hättest keine Zeit und Energie mehr für andere Dinge. Die Verliebtheit würde dich vollkommen vereinnahmen und erschöpfen. Die Verliebtheit ist vielmehr ein Ausnahmezustand als ein Dauerzustand.

Phase der Kämpfe: Mit der Phase der Ernüchterung geht es schnell über in die Phase der Kämpfe. Die Ecken und Kanten des Partners stören uns sehr. Wir erleben plötzlich, dass der Partner eine andere Meinung hat, als wir selbst. Der Fokus auf die Unterschiede ist in dieser Phase enorm. Statt sich auf die Gemeinsamkeiten zu konzentrieren, versteifen wir uns auf die Unterschiede und stellen unsere Beziehung damit selbst auf die Probe.

2. EINE GLÜCKLICHE PARTNERSCHAFTPROZESS

Oft wird auch versucht, den Partner zu ändern, damit er wieder unseren eigenen Vorstellungen entspricht. Da dies in der Regel nur selten passiert, kommt es immer häufiger zu Konflikten, die verbal ausgetragen werden. Es kommt zu einem Machtkampf, in dem nicht immer fair gehandelt wird. Gerade in dieser Phase ist eine gesunde Basis unverzichtbar, damit man sich als Paar nicht zu weit voneinander entfernt. Es gilt, eine offene Kommunikation auf Augenhöhe zu führen, anstatt den Partner mit Vorwürfen zu konfrontieren.

Phase der Resignation: In dieser Phase begreift man schließlich, dass der eigene Partner nicht zu ändern ist, sondern dass sich dieser nur selbst ändern kann, wenn er das wünscht. Es kommt zur Resignation. Hier ist eine offene Kommunikation besonders wichtig. Viele Paare treten sich entweder in dieser Phase oder gehen in ein eisernes Schweigen über. Sie geben auf. Sie nehmen die Tatsachen wie sie sind und wenden sich innerhalb der Partnerschaft unbewusst ab. Nicht selten kommt es in dieser Phase auch zu Seitensprüngen. Schließlich verschafft mir mein Partner nicht das, was ich mir wünsche. Damit sich beide Partner wiederfinden können, sollten sie sich gegenseitig öffnen. Man sollte ehrlich kommunizieren, wie man sich fühlt und welche Bedürfnisse man hat. Das gibt dem Partner die Chance ebenfalls seine Bedürfnisse zu kommunizieren. Gleichzeitig können beide Partner Verständnis füreinander wickeln und so wieder einen Schritt aufeinander zu gehen.

Phase der Liebe: Hat man es erst einmal aus der Phase der Resignation geschafft, stellt sich bei den meisten Paaren die Phase der tiefen Liebe und Zuneigung zueinander ein. Endlich kann man seinen Partner so akzeptieren wie er ist, ohne ihn irgendwie verbiegen zu

2. EINE GLÜCKLICHE PARTNERSCHAFTPROZESS

wollen. Stattdessen genießt man die unterschiedlichen Seiten des Partners und nimmt diese nun als Bereicherung wahr. Gleichzeitig stellt sich eine tiefe Verbundenheit ein. Man ist dankbar für den eigenen Partner und das Glück, das er einem verschafft. Der Partner wird zu einem Zuhause, zu einem Ort der Sicherheit. Auch Konflikte können besser gehandhabt werden und die Dramatik nimmt ab.

Die Länge de Phasen kann unterschiedlich lang sein. Auch müssen sich nicht zwangsläufig beide Partner in der gleichen Beziehungsphase befinden. Wenn ihr jedoch die einzelnen Säulen der Beziehung beachtet, werdet ihr aus diesen Phasen herauswachsen und eine erfüllte Partnerschaft sehen. Betrachtet die Phasen der Beziehung wie Kinder. Auch Kinder durchlaufen bis zu ihrem Erwachsensein verschiedene Phasen, in denen sie stets Neues lernen. Kein Kind würde daran denken, einfach aufzugeben und sagen, dass es nicht Erwachsen werden möchte. Es ist ein natürlicher Prozess. Genauso verhält es sich mit Beziehungen.

Nichtsdestotrotz sollte man stets darauf achten, nicht dem Alltagstrott zu verfallen. Besonders Beziehungen, die sich in der letzten Phase befinden, sind diesem Phänomen ausgesetzt. Man fühlt sich plötzlich sicher. Das ist zwar auf der einen Seite sehr positiv, auf der anderen Seite besteht hier aber auch die Gefahr, dass man es sich zu bequem macht und keine Energie mehr in die Beziehung investiert. Die Beziehung schläft ein und der Partner wird selbstverständlich. Doch so muss es nicht sein.

2. EINE GLÜCKLICHE PARTNERSCHAFTPROZESS

Ich möchte dir zeigen, wie du mit bewussten gemeinsamen Aktivitäten das Feuer der Liebe wieder entfachen kannst. Mit gemeinsamen Aktivitäten holt ihr euch ein Stück weit die Verliebtheitsphase wieder zurück in die Beziehung. Ihr erlebt neue aufregende Dinge miteinander, die den Nervenkitzel zurückbringen. Gemeinsame Erlebnisse sind eine Bereicherung für die Partnerschaft, die zu unvergesslichen Momenten führen.

2. EINE GLÜCKLICHE PARTNERSCHAFTPROZESS

2.1. Das Fundament einer erfüllenden Beziehung

Was ist das Geheimnis einer glücklichen Beziehung? Diese Frage beschäftigt wohl jeden im Leben. Besonders, wenn die eigene Beziehung nicht so verläuft, wie man es sich vielleicht in seinen Träumen ausgemalt hat. Doch es gibt nicht „das" Geheimnis. Es ist vielmehr ein Zusammenspiel aus verschiedenen Komponenten. Man nennt dies auch das Fundament einer glücklichen Partnerschaft.

Das Fundament einer glücklichen Partnerschaft besteht häufig aus 4 Säulen. Zu diesen Säulen gehören Kommunikation, Loyalität, Ehrlichkeit und Vertrauen. Ich möchte diese 4 Säulen jedoch noch um weitere Säulen erweitern, da sie ebenfalls wichtige Aspekte einer erfüllenden Beziehung sind. Ich habe dir insgesamt 10 Säulen herausgearbeitet, die dir dabei helfen können, deine Beziehung auf ein höheres Level zu heben und mehr Tiefgründigkeit in deine Beziehung zu integrieren.

Wenn du mit deinem Partner gemeinsam an diesen Säulen arbeitest, dann verspreche ich dir, dass sich vieles zum Guten wenden wird. Ihr könnt euch damit eure anfängliche Verliebtheit und Romantik zurückholen und euch jeden Tag aufs Neue wieder kennenlernen. Liebe und Partnerschaft sind ein Prozess mit Höhen und Tiefen. Mit der Rückbesinnung auf das Fundament der Beziehung, könnt ihr auch schwierige Phasen meistern. Wenn ihr sie gemeinsam übersteht, werdet ihr euch hinterher noch verbundener fühlen.

2. EINE GLÜCKLICHE PARTNERSCHAFTPROZESS

Jede Beziehung lebt von gemeinsamen Werten. Es ist wichtig zu wissen, welche Werte man selbst und natürlich auch welche Werte der Partner vertritt. Diese müssen natürlich nicht in allen Punkten komplett identisch sein. Doch sie sollten eine gemeinsame Basis haben, damit ihr euer Leben langfristig gemeinsam gestalten könnt. Die 10 Säulen der Beziehung können euch dabei helfen, euch dieser Werte bewusst zu werden und für euch gemeinsam als Paar zu definieren.

Die 10 Säulen müssen im Einzelnen nicht im gleichen Maße ausgeprägt sein. Im Idealfall sollten alle 10 Säulen in eurer Beziehung vertreten sein. Ihr könnt sie aber unterschiedlich stark gewichten und an eure gemeinsamen Werte anpassen. Betrachten wir die 10 Säulen einmal genauer.

Kommunikation - Säule 1

Eine offene Kommunikation ist die Basis einer jeden glücklichen Beziehung. Kommunikation sollte nicht einseitig stattfinden. Beide Partner sollten offen kommunizieren können. Durch eine offenen Kommunikation können Probleme schneller gelöst werden. Zudem verhindert sie in vielen Fällen das Aufkommen von Problemen.

In einer offenen Kommunikation können Probleme und Zufriedenheit direkt angesprochen werden. Werden die Dinge nicht klar ausgesprochen, sondern um den heißen Brei herumgeredet, dann führt dies in den meisten Fällen zu noch mehr Unzufriedenheit. Dein Partner kann deine Wünsche nicht von deinen Augen ablesen. Du musst sie offen kommunizieren, damit er die Chance hat darauf eingehen zu können. Viele Probleme entstehen durch unerfüllte Bedürfnisse. Wenn der Partner diese Bedürfnisse nicht kennt, kann er diese auch nicht erfüllen. Redet miteinander. Und hört einander zu.

Das Zuhören ist ein ebenso wichtiger Aspekt der Kommunikation. Ehrliches Zuhören findet in vielen Fällen nur noch selten statt. Stattdessen wird mit Vorwürfen umher geworfen, ohne überhaupt zu verstehen, was der Partner eigentlich sagt. Zuhören fördert also das Verständnis füreinander. Es geht nicht darum, zu bewerten, was der Andere sagt. Jeder Mensch hat seine eigene individuelle Wahrnehmung, die durch verschiedene Faktoren geprägt wird. Daher gibt es auch kein richtig und falsch, wenn es um Gefühle geht. Jedes Gefühl hat seine Daseins Berechtigung. Es geht vielmehr darum, sich in die Lage des Partners hinein zu versetzen und gemeinsam aktiv nach Lösungen zu suchen. Dies führt uns zur nächsten Säule, die streng genommen, ein Teil der offenen Kommunikation ist.

Ehrlichkeit - Säule 2

Wenn man Menschen fragt, was ihnen in einer Beziehung besonders wichtig ist, werden die meisten wohl mit „Ehrlichkeit" antworten. Doch einmal Hand aufs Herz. Wie ehrlich bist du mit deinem Partner? Teilst du es ihm direkt mit, wenn dich etwas stört? Oder kannst du ehrlich Fehler zugeben?

Beide Aspekte sind sehr wichtig in einer Beziehung. Schließlich ist niemand perfekt. Und das sollte man weder von seinem Partner, noch von sich selbst erwarten. Unperfektheit gehört zum Leben und auch zu Beziehungen dazu.

2. EINE GLÜCKLICHE PARTNERSCHAFTPROZESS

Die Frage ist lediglich, wie gehst du damit um? Wie gehst du mit den Fehlern deines Partners um? Wie gehst du mit deinen eigenen Fehlern um? Es ist wichtig, die Dinge ehrlich und offen anzusprechen, damit sie geklärt werden. Andernfalls wird der Frust nur heruntergeschluckt, was weitere Probleme verursacht. Denn die Probleme verschwinden nicht durch Schweigen, sondern addieren sich auf.

Genauso solltest du deinen Partner nicht mit Vorwürfen konfrontieren. Vorwürfe sind stets passiv aggressiv. Doch sie werden euch eurem Ziel eine glückliche und harmonische Beziehung miteinander zu führen nicht näher bringen. Vielmehr wirst du mit Vorwürfen deinem Partner das Gefühl geben, dass er nicht liebenswert ist. Das wird über kurz oder lang dazu führen, dass sich dein Partner von dir abwendet und sich dir gegenüber verschließt.

Stattdessen solltest du ehrlich ansprechen, was das Problem eigentlich ist und wie du dich mit diesem Problem fühlst. Indem du sagst, wie du dich in bestimmten Situationen fühlst, nimmst du den Druck von deinem Partner und gibst ihm nicht das Gefühl, dass er Schuld daran ist. So habt ihr eine gute Ausgangsbasis, um gemeinsam nach Lösungen zu suchen.

Diese Art der ehrlichen Kommunikation bedarf etwas Taktgefühl. Es geht nicht darum, deinem Partner knallhart zu sagen, was dich an ihm stört, sondern was sein Verhalten bei dir auslöst. Damit gibst du deinem Partner die Chance sein eigenes Verhalten besser zu reflektieren. Genauso verhält es sich anders herum. Wenn dir dein Partner mitteilt, welche Gefühle in ihm durch dein Verhalten ausgelöst werden, kannst du darauf viel besser eingehen, als würde er dir lediglich aufzählen, was du alles falsch machst.

Mit einer ehrlichen Kommunikation könnt ihr ein tiefes Verständnis füreinander entwickeln. Dieses Verständnis wird euch dabei helfen, an eurer Beziehung zu arbeiten und den Grundstein für eine positive Zukunft legen.

Respekt - Säule 3

Eine weitere wichtige Säule in einer Beziehung ist der Respekt. Respekt bedeutet, dass du deinem Partner auf Augenhöhe begegnest. Ihr seid beide ein gleichberechtigter Teil der Beziehung mit unterschiedlichen Wünschen und Bedürfnissen, die vom jeweils anderen respektiert werden müssen.

Wenn sich ein Partner nicht respektiert fühlt, dann löst das ein negatives Gefühl in ihm aus. Er hat das Gefühl, dass der andere ihn nicht wert schätzt und dass er nicht wertvoll genug ist, so we er ist. Jeder Partner bringt unterschiedliche Fähigkeiten und Stärken in eine Beziehung ein. Gerade durch diese Unterschiedlichkeit könnt ihr euch so gut ergänzen. Voraussetzung dafür ist allerdings immer, dass ihr die gleichen Werte und Ziele habt, um eure Zukunft gemeinsam gestalten zu können. Wenn eure Werte und Ziele zu unterschiedlich sind, dann habt ihr keine gemeinsame Basis und es wird schwer sein, so eine langfristige Beziehung zu führen.

Stimmen die Werte jedoch überein, solltet ihr das anders sein des Partners wertschätzen. Er vermittelt euch einen neuen Blickwinkel auf gewisse Dinge, die euch zuvor vermutlich verborgen geblieben wären. Stellt euch eure

2. EINE GLÜCKLICHE PARTNERSCHAFTPROZESS

jeweiligen Stärken und Schwächen wie ein Zahnrad vor. Die Stärken sind die Zacken des Zahnrads und die Schwächen sind die Einkerbungen. Wenn man nun zwei Zahnräder miteinander vereint, greifen diese ineinander und werden zu einem großen Zahnrad. Sie bilden eine Einheit. Wäre jeder Mensch perfekt und hätte nur Stärken wären wir wie eine Kugel. Versucht man jedoch Kugel zu vereinen, stoßen sie aneinander und prallen voneinander ab.

Deswegen solltest du die Schwächen deines Partners nicht verurteilen. Du hast ebenfalls Schwächen und daran ist auch nichts Verwerfliches. Jeder hat sie. Denk einmal darüber nach. Was fällt dir im Alltag eher schwer, während es deinem Partner mit Leichtigkeit von der Hand geht? Was fällt dir besonders leicht, während es deinem Partner eher schwer fällt?

Behalte stets im Hinterkopf, dass nicht jeder Mensch im gleichen Tempo die gleichen Erfolge erzielen kann. Vielen Menschen fällt es leichter, ihren Respekt zu zollen, wenn der Andere Dinge erreicht, die für einen selbst unerreichbar erscheinen. Wertschätze deinen Partner für seine persönlichen Erfolge, auch wenn sie für dich vielleicht nicht besonders sind. Für deinen Partner sind sie es und er ist stolz auf diesen Erfolg. Sei auch du stolz auf ihn.

Genauso verhält es sich bei Meinungsverschiedenheiten. Auch hier solltet ihr eure gegenteiligen Meinungen wertschätzen und nicht im Eifer des Gefechts respektlos werden. Abfällige Bemerkungen können deinen Partner sehr verletzen. Er wird dadurch degradiert und ihr steht nicht mehr auf Augenhöhe zueinander. Es gibt kein besser oder schlechter in Beziehungen. Es gibt nur unterschiedliche Meinungen, die es zu respektieren gilt.

2. EINE GLÜCKLICHE PARTNERSCHAFTPROZESS

Wenn ihr Konflikte auf Augenhöhe austragt, dann wird sich keiner von euch beiden schlecht oder unbeachtet fühlen. Dies hat auch etwas mit Verständnis zu tun. Wenn du die Gefühle und Meinung des anderes zu verstehen versuchst, wird es dir leichter fallen, ihn für seine Art und Weise zu respektieren. Ohne Verständnis werden einfach nur zwei unterschiedliche Meinungen aufeinander prallen, ohne den Konflikt lösen zu können.

Vertrauen - Säule 4

Vertrauen ist ebenfalls eine wichtige Basis in der Beziehung. Ohne Vertrauen können wir uns einer Beziehung und damit einem anderen Menschen nicht öffnen. Vertrauen gibt uns ein Gefühl von Sicherheit und dass wir so sein dürfen, wie wir sind. Ohne Vertrauen wird eine Beziehung nur an der Oberfläche kratzen, doch man wird nie auf eine tiefere Ebene gelangen. Wahre Erfüllung und wahres Glück werden wir jedoch nur auf dieser tieferen Ebene finden.

Durch Vertrauen können wir uns unserem Partner öffnen. Wir zeigen ihm alle Seiten von uns. Die Guten und die Schlechten. Denn wir können darauf vertrauen, dass uns unser Partner nicht dafür verurteilt, wer wir sind und was uns ausmacht. Unser Partner liebt uns für unser sein. Nicht für unsere Leistung. Wir können uns fallen lassen und auch einmal schwach sein.

Viele Menschen wollen ihre Schwäche vor ihrem Partner verbergen. Sie haben Angst, dass ihr Partner sie für ihre Schwäche nicht vollkommen akzeptiert. Das hat etwas mit mangelndem Vertrauen zu tun. Vertrauen in uns selbst und Vertrauen in unseren Partner. Oft ist dieser Mangel

2. EINE GLÜCKLICHE PARTNERSCHAFTPROZESS

an Vertrauen in einer vorangegangenen Enttäuschung begründet. Wir wurden verletzt und möchten dieses Gefühl nicht noch einmal erleben. Also bauen wir uns einen Schutzpanzer, damit wir nicht Gefahr laufen, die selbe Situation noch einmal zu erleben.

Doch in der Regel handelt es sich um einen neuen Menschen, der vor uns steht. Ein neuer Mensch, der keinen Anteil an der Enttäuschung hatte. Er verdient es also, dass wir ihm unvoreingenommen begegnen. Misstrauen und vielleicht sogar Eifersucht können eine Beziehung vergiften. Hier kann es helfen, einmal hinter die Fassade der Gefühle zu schauen. Warum vertraue ich meinem Partner nicht? Wovor habe ich Angst? Wo kommt die Eifersucht her? In den meisten Fällen liegt die Antwort in uns selbst. Nicht im Partner. Deswegen ist es deine Aufgabe herauszufinden, wie du mit diesen Situationen besser umgehen kannst, wenn die Gefühle des Misstrauens in dir hochkommen.

Beziehe dabei auch deinen Partner mit ein. Führt ein offenes und ehrliches Gespräch. Lasse ihn wissen, dass du Schwierigkeiten hast, Vertrauen aufzubauen, weil du schlechte Erfahrungen in der Vergangenheit gemacht hast. Wenn du mit deinen Gefühlen offen umgehst, kann dein Partner besser auf dich eingehen. Er bekommt ein Verständnis dafür, warum du dich wie fühlst. Auf dieser Grundlage könnt ihr zusammen nach Lösungen suchen, wie ihr euer Vertrauen ineinander nachhaltig stärken könnt.

Viele Situationen machen wir in unserem Kopf auch größer als sie sind. Wir malen uns dramatische Szenen aus, die in vielen Fällen nichts mit der Wirklichkeit zu tun haben. Sprich deinen Partner offen darauf an. So können sich deine Gedanken und Gefühle nicht aufblasen und ihr könnt die Dinge viel schneller aus der Welt schaffen.

Sollte dein Partner Vertrauensprobleme haben, dann höre ihm aufmerksam zu. Verurteile ihn nicht und weise seine Ängste nicht zurück, indem du dich wild verteidigst. Dadurch würdest du nur noch mehr Misstrauen schüren. Nimm seine Ängste ernst und versucht herauszufinden, was du tun kannst, um seine Ängste zu lindern.

Weiterhin solltet ihr euch aufeinander verlassen können. Wenn ihr etwas Bestimmtes verabredet habt, dann haltet euch daran. Dies kann euch dabei helfen, das Vertrauen ineinander zu stärken. Ihr wisst, dass ihr aufeinander zählen könnt und euch nicht im Stich lasst.

Zusammenhalt - Säule 5

In einer Beziehung sollte man stets zusammenhalten. Egal, was passiert. Jede Beziehung wird früher oder später vor verschiedene Herausforderungen gestellt. Umso wichtiger, ist es in diesen herausfordernden Zeiten zusammen zu halten. Eine Beziehung besteht immer aus zwei Personen. Ihr seid ein Team, keine Einzelkämpfer.

Ihr beschreitet euren Lebensweg gemeinsam und nicht nur jeder für sich. In stürmischen Zeiten könnt ihr euch gegenseitig Schutz vor dem Sturm bieten und euch dort gemeinsam durchkämpfen.

2. EINE GLÜCKLICHE PARTNERSCHAFTPROZESS

Gerade bei schweren Schicksalsschlägen, ist es wichtig, dass ihr zusammenhaltet. Denn meist ist ein Partner davon mehr betroffen als der Andere. Das bedeutet, dass einer von euch auch mehr Schutz und Unterstützung braucht. Der Partner sollte hier der Fels in der Brandung sein und den stärkeren Part übernehmen. So kann sich der schwächere Partner auf einen stützen und wieder zu Kräften kommen. Irgendwann wird sich das Blatt wenden und dann erwartet man den gleichen Rückhalt des eigenen Partner.

Dabei spielt es keine Rolle, ob Mann oder Frau. Es gibt kein starkes oder schwaches Geschlecht. Beide Partner dürfen in gleichen Maßen stark oder schwach sein. Seid füreinander da. Versuche herauszufinden, was dein Partner gerade benötigt, um sich etwas besser zu fühlen. Versuche herauszufinden, wie du ihm den Rücken frei halten kannst. Gemeinsam werdet ihr die für euch passenden Lösungen finden, sodass ihr die Herausforderung meistert, was euch im Nachhinein noch stärker zusammen schweißen wird.

Freiheit - Säule 6

Mit dem Neubeginn einer Beziehung geben viele Menschen erst einmal ihre persönliche Freiheit auf. Der Partner ist viel interessanter und es gibt so viel Neues aneinander zu entdecken. Alles, was ihr macht ist spannend und aufregen und du würdest am liebsten jede freie Minute mit deinem Partner verbringen. Das ist in der Verliebtheitsphase ganz normal und wahrscheinlich ist jeder schon einmal durch diese Phase gelaufen.

2. EINE GLÜCKLICHE PARTNERSCHAFTPROZESS

Doch dies ist kein Dauerzustand. Irgendwann hört diese Verliebtheit auf. Das bedeutet nicht, dass ihr euch nicht mehr liebt. Die Liebe bleibt, aber die anfängliche Neugierde nimmt an. An diesem Punkt bemerken viele, dass sie sich selbst vernachlässigt haben.

Jeder Mensch hat individuelle Bedürfnisse und Interessen. Und diese sollte man auch in einer Beziehung ausleben können. Ihr seid zwar ein Team, allerdings besteht dieses Team aus zwei Individuen. Ihr müsst nicht alles gemeinsam machen, um eine glückliche Beziehung zu führen. Natürlich sind gemeinsame Erlebnisse ein elementarer Bestandteil einer glücklichen Beziehung. Jedoch nur bis zu einem gewissen Grad. Schnell läuft man Gefahr, dass man sich zu sehr von der Außenwelt abkapselt und in einer Blase lebt. Sollte diese Blase einmal platzen, ist nicht mehr viel von einem über.

Freiheit und Unabhängigkeit sind daher unverzichtbar in einer gesunden Beziehung. Zudem kann dies die Beziehung auch beleben. Wenn man nur aufeinander hängt, kann dies mit der Zeit zu Langeweile führen. Besonders, wenn ihr in eurem Alltagstrott gefangen seid und euch nicht wirklich bewusst Zeit füreinander nehmt. Reize von außen können wieder frischen Wind in die Sache bringen.

Wenn jeder seinen eigenen Interessen nachgeht, habt ihr euch am Abend viel zu erzählen. Dadurch wirkt ihr automatisch auch interessanter für euren Partner. Ihr könnt wieder neue Seiten aneinander kennenlernen und gemeinsam von den einzelnen Erfahrungen zehren. Gleichzeitig tankst du auch neue Energie, wenn du deinen Interessen nachgehst. Du fühlst dich aktiv und belebt und kannst dich dadurch noch besser auf deinen Partner konzentrieren.

2. EINE GLÜCKLICHE PARTNERSCHAFTPROZESS

Wenn du dich stattdessen vollkommen aufgibst und nur noch für deinen Partner lebst, kann dies unterbewusst auch zu Unzufriedenheit führen. Je stärker diese Unzufriedenheit wird, desto eher besteht auch die Gefahr von ständigen Streits und schlussendlich vom Ende der Beziehung.

Finde hier eine gute Balance zwischen ausreichend Zeit für dich selbst und Zeit für deinen Partner. So können beide nur gewinnen.

Gemeinsame Freizeit - Säule 7

Wie bereits schon angedeutet, spielt die gemeinsame Freizeit ebenfalls eine große Rolle in Beziehungen. Mit dem Alltagstrott leben viele Paare nur neben einander her, anstatt wirklich aktiv Zeit miteinander zu verbringen. In der Anfangszeit der Beziehung verbringt man jede Zeit wie nur irgend möglich miteinander und genießt diese Zeit auch. Doch mit dem Verlauf der Beziehung wird die gemeinsame Zeit zur Normalität und hat nichts Geheimnisvolles mehr.

Man investiert einfach nicht mehr viel in die Beziehung, weil man sich sicher fühlt. Der Partner ist sowieso da und wenn wir heute nichts unternehmen, dann vielleicht morgen. Doch aus morgen wird nächste Woche und aus nächste Woche wird nächsten Monat… und ehe man sich versieht sind Jahre vergangen, ohne sich wirklich bewusst Zeit für den Partner genommen zu haben.

Eine Partnerschaft lebt von gemeinsamen Aktivitäten und den daraus resultierenden Erinnerungen. Es bringt wieder Schwung in die Partnerschaft und ihr werdet immer was zu erzählen haben. Die Aktivitäten schweißen euch zusammen.

Im nächsten Kapitel werde ich auf diesen Aspekt noch einmal genauer eingehen. Denn mithilfe dieses Buches möchte ich dir helfen, wieder mehr Schwung in deine Beziehung zu bringen, damit ihr langfristig glücklich und erfüllt seid.

Romantik - Säule 8

Nicht nur die gemeinsame Freizeit ist ein wichtiger Teil von Beziehungen, sondern auch die Romantik. Am Anfang eurer Beziehung werdet ihr euch mit Sicherheit viele Komplimente gemacht haben. Ihr habt romantische Momente genossen und konntet euch stundenlang in die Augen schauen. Mit dem Alltag werden diese romantischen Momente jedoch immer seltener.

Dabei ist die Romantik unverzichtbar in einer Liebesbeziehung. Sie erhält die Leidenschaft füreinander. Ohne Leidenschaft wäre eure Beziehung vielmehr eine Freundschaft. Ihr solltet euch also das Feuer erhalten und es hegen und pflegen, damit es nicht erlischt.

Nehmt euch am Tag öfters bewusst in den Arm. Tauscht liebevolle Küsse aus. Schaut euch in die Augen und sagt euch, was ihr einander bedeutet. Allein diese kleinen Gesten werden euch dabei helfen, die Leidenschaft und die Romantik im gewissen Maße zu erhalten.

Plant euch zusätzlich regelmäßig bewusste Zeit für Romantik ein. Ihr könnt euch beispielsweise einen Abend in der Woche füreinander reservieren. An diesem Abend könnt ihr machen, wonach euch ist. Ihr könntet zum Beispiel romantisch zusammen kochen. Oder ihr geht in ein schönes Restaurant. Macht euch füreinander schick und nehmt diese Zeit bewusst als ein Date wahr. An diesem Abend geht es nur um euch. Auf diese Art und Weise könnt ihr euch die Schmetterlinge im Bauch zurückholen. Vielleicht wirst du auch bemerken, wie du plötzlich wieder aufgeregt bist deinen Partner zu treffen und du verspürst echte Vorfreude.

Überlege dir einmal, wann du das letzte Mal einen romantischen Moment mit deinem Partner verbracht hast. Wenn dies schon länger her ist, dann setze dich am besten direkt einmal mit deinem Partner zusammen und macht einen festen Termin für ein romantisches Date aus. Das mag vielleicht auf den ersten Blick etwas unromantisch wirken, doch es wird euch dabei helfen, den Alltagstrott zu überwinden.

Sexualität - Säule 9

Auch die Sexualität nimmt einen wichtigen Part in der Beziehung ein. Für manche Menschen hat der Sex eine höhere Bedeutung, während anderen Menschen Sex in einer Beziehung als weniger bedeutungsvoll erachten.

Es ist wichtig, dass ihr offen über eure Sexualität sprecht. Nur so könnt ihr herausfinden, was sich der andere wünscht. Solltet ihr unterschiedliche Vorstellungen haben, dann versucht nach einem Weg zu suchen, wie sich eure Interessen miteinander vereinen lassen. Dies setzt ein

2. EINE GLÜCKLICHE PARTNERSCHAFTPROZESS

tiefes Vertrauen ineinander voraus. Viele Menschen fällt es schwer über dieses Thema zu reden. Doch Schweigen wird keine Besserung mit sich bringen. Schließlich kann dein Partner nicht wissen, was deine Bedürfnisse sind, wenn du sie ihm nicht mitteilst. Schweigen kann auch zu sexuellem Frust führen. Wir fühlen uns nicht befriedigt und haben vielleicht irgendwann gar keine Lust mehr mit unserem Partner zu schlafen. Im schlimmsten Fall kann es zu Seitensprüngen kommen, damit die eigenen Fantasien befriedigt werden.

So weit soll es jedoch nicht kommen. Wenn ihr offen und ehrlich über eure Vorlieben sprecht, wird das euer Sexleben positiv beeinflussen. Schließlich kann man nicht wissen, ob das, was man tut, seinem Partner wirklich gefällt, wenn man nicht darüber spricht.

In vielen Beziehung schleicht sich auch im Bezug auf Sexualität der Alltag ein. Oft läuft nur noch ein Standard-Programm ab, das nur wenig Lust bereitet. Zu Beginn der Beziehung habt ihr euch wahrscheinlich regelmäßig verführt und wart kreativ. Versucht diese Kreativität wieder zurückzuholen und neue Dinge auszuprobieren. Sieh deinen Partner als Eroberung an. Das wird das Feuer der Leidenschaft zurückbringen.

2. EINE GLÜCKLICHE PARTNERSCHAFTPROZESS

Gemeinsame Ziele - Säule 10

Zu guter Letzt spielen gemeinsame Ziele im Leben eine bedeutende Rolle. Durch das Definieren von gemeinsamen Zielen habt ihr etwas, wofür es sich lohnt an der Beziehung zu arbeiten. Ihr verfolgt ein oder mehrere gemeinsame Ziele, was euch näher zusammenbringen wird. Ihr arbeitet hier als Team. Daher ist es auch wichtig, dass sich beide Partner mit diesen Zielen identifizieren können. Wenn in Wirklichkeit nur einer von beiden diesen Traum hat, dann besteht die Gefahr, dass die Beziehung daran scheitert.

In einem ersten Schritt könnt ihr beispielsweise einmal überlegen, was eure Interessen sind. Zudem solltet ihr aufschreiben, was generell eure Ziele im Leben sind und inwiefern sich eure Ziele überschneiden. So könnt ihr nach und nach eure gemeinsamen Ziele daraus formen und nach Wegen suchen, wie ihr diese Ziele erreichen werdet. Vielleicht werdet ihr sogar neue Seiten an eurem Partner entdecken, die euch vorher nicht bewusst waren. Das kann die Neugierde füreinander wieder wecken.

Notiert euch eure gemeinsamen Ziele, sodass ihr sie jederzeit einsehen könnt. Vielleicht werden sich die Ziele im Laufe der Zeit auch erweitern oder verändern. Das ist vollkommen normal. Schließlich ändern wir uns jeden Tag ein kleines bisschen, weil wir jeden Tag aufs Neue dazu lernen. Wichtig ist nur, dass ihr euch nicht auseinander entwickelt. Dabei kann das Verfassen der Ziele helfen, damit ihr beide wisst, wohin euch die Beziehung führt. Das erhöht die Wahrscheinlichkeit, dass ihr euren Lebensweg langfristig gemeinsam beschreitet. Zudem wird es eure Liebe verstärken, da ihr etwas habt, auf dass ihr euch freuen könnt.

2.2. Gemeinsame Erlebnisse und unvergessliche Erfahrungen

Wie ihr bereits wisst, sind gemeinsame Erlebnisse und Erfahrungen ein elementarer Bestandteil von Beziehungen, bzw. von glücklichen Beziehungen. Es geht dabei weniger um die Quantität der Zeit, die ihr miteinander verbringt, sondern um die Qualität. Wahrscheinlich verbringt ihr bereits jetzt schon viel Zeit miteinander. Doch das heißt nicht, dass ihr auch eine glückliche Beziehung führt. Es kann auch bedeuten, dass ihr eher nebeneinander her lebt und nur selten gemeinsame Erlebnisse teilt. Daher solltet ihr versuchen in euren Alltag so viele kleine Mini-Abenteuer einzubauen wie es geht. Das lässt euch aus dem Alltag entfliehen und schafft euch unvergessliche Erinnerungen, die euch ein Leben lang erhalten bleiben. Dadurch könnt ihr die Bindung zueinander stärken. Gleichzeitig werden bei diesen Erlebnissen auch Glücksgefühle ausgeschüttet. Je mehr Glücksmomente ihr miteinander teilt, desto verbundener werdet ihr euch auch fühlen.

Doch schauen wir uns das Konzept einmal genauer an. Was verschafft uns Glück und was führt dazu, dass wir uns glücklich fühlen? Für unser Glücksgefühl verantwortlich sind verschiedene Hormone. Dazu zählen vor allem Serotonin, Dopamin und Oxytocin. Es gibt noch weitere Hormone wie Adrenalin oder Endorphine, die uns ein Glückserlebnis verschaffen können. Wir konzentrieren uns hier jedoch auf die speziellen „Glückshormone" und ihr erfahrt, wie ihr diese ganz gezielt ausschütten könnt.

2. EINE GLÜCKLICHE PARTNERSCHAFTPROZESS

Serotonin

Serotonin ist streng genommen ein Neurotransmitter. Dieser verleiht uns Selbstvertrauen Selbstachtung. Der Serotoninspiegel steigt beispielsweise, wenn wir das Gefühl haben, dass wir wahrgenommen und respektiert werden. Auch eine Gruppenzugehörigkeit kann dieses Gefühl auslösen. Wer hingegen einen zu geringen Serotoninspiegel hat, kämpft häufig mit Depressionen und Einsamkeit.

Ist der Serotoninspiegel hoch, steigt unser Selbstwertgefühl und wir fühlen uns schwierigen Herausforderungen besser gewappnet. Das heißt, wir gehen auch mehr Risiko ein. Wenn ihr euch beispielsweise regelmäßig neuen Herausforderungen stellt, beispielsweise indem ihr fleißig eure Bucket List abhakt, könnt ihr euren Serotoninspiegel steigern und ein Glücksgefühl auslösen. Auch soziales Engagement und Sport haben diesen Effekt. Das Serotonin könnt ihr ebenfalls erhöhen, wenn ihr euer Leben und eure Beziehung regelmäßig reflektiert und Erfahrungen Revie passieren lasst. Dadurch entsteht ein Gefühl von Dankbarkeit, Wertschätzung und Liebe.

Dopamin

Auch Dopamin ist eigentlich ein Neurotransmitter und sitzt in unserem Belohnungszentrum. Dopamin wird ausgeschüttet, wenn wir eine bestimmte Leistung erzielen, beispielsweise wenn wir einen Punkt von unserer Bucket List streichen. Das gibt uns ein Gefühl von stolz und der Dopaminspiegel steigt. Auch Geschenke oder das Lieblingsessen können einen Anstieg des Dopaminspiegels bewirken.

Ein zu geringer Dopaminspiegel kann Krankheiten wie Parkinson und Schlafstörungen auslösen. Ein zu hoher Dopaminspiegel ist allerdings auch nicht gesund, da dieser zu Halluzinationen und Manie führen kann. Dies ist jedoch eher selten. Die meisten Menschen profitieren davon, wenn sie ihr Dopamin mal wieder anfeuern.

Um den Dopaminspiegel zu erhöhen, solltet ihr euch regelmäßig kleine Ziele setzen. Besonders große Ziele solltet ihr in Zwischenschritte einteilen, damit ihr zwischendrin immer mal wieder Erfolgsmomente schafft. Das wird auch eure Motivation und die Wahrscheinlichkeit, dass ihr eure Ziele weiterhin verfolgt, erhöhen. Sport, auf etwas Hinsparen und Musik sind ebenfalls gute Möglichkeiten, um Dopamin freizusetzen.

Oxytocin

Oxytocin wir häufig auch als Kuschelhormon bezeichnet. Oxytocin besteht aus Aminosäuren und ist für unser soziales Verhalten verantwortlich. Der Oxytocinspiegel steigt an, wenn Hautkontakt, wie beispielsweise Sex, Umarmungen oder Küsse. Es stärkt die Bindung zwischen zwei Menschen und kann sogar das Vertrauen stärken. Dies ist jedoch nur der Fall, wenn wir uns dem Anderen offen gegenüber verhalten. Oxytocin wird also freigesetzt, wenn wir uns in intimen Momenten befinden. Daher sorgen auch Beziehungen und Freundschaften zu einer erhöhten Freisetzung von Oxytocin. Eine gute Gelegenheit, um mal wieder ausgiebig zu kuscheln.

2. EINE GLÜCKLICHE PARTNERSCHAFTPROZESS

Ihr könnt hier gut erkennen, dass euch eine Bucket List zu einem erhöhten Glücksgefühl verhelfen kann. Ganz einfach nur dadurch, dass ihr euch neuen Herausforderungen stellte und so eurem Körper und damit auch eurem Kopf die Möglichkeit gebt, mit Glückshormonen durchflutet zu werden. Das Oxytocin sorgt anschließend automatisch für eure tiefe Verbundenheit.

3. Der Beginn von etwas Großem

In diesem Kapitel geht es nur um euch. Hier könnt ihr zunächst einmal eure bisherige Beziehung Revue passieren lassen. Dadurch besinnt ihr euch darauf zurück, warum ihr euch eigentlich ineinander verliebt habt und warum eure Beziehung so wertvoll ist. Denn es gibt einen Grund, warum ihr euch füreinander entschieden habt. Dies gilt es in Erinnerung zu rufen.

Widmung

Wenn dieses Buch ein Geschenk für den Partner ist, kannst du hier eine kleine Widmung verfassen. So kannst du deine Liebe zum Ausdruck bringen und deinem Partner eine kleine Liebesbotschaft hinterlassen.

Vorstellung

In diesem Bereich stellt ihr euch einmal genauer vor. Dabei geht es nicht um euch persönlich, sondern um die Grunddaten eurer Beziehung.

Unvergessliche Momente

Hier könnt ihr euch noch einmal an eure schönsten, peinlichsten und lustigsten Erlebnisse erinnern und einmal aufschreiben. Dies wird euch in eine Art kleine Zeitreise schicken und ihr werdet euch vielleicht an Dinge erinnern, die eigentlich schon längst in Vergessenheit geraten sind.

Die Offenbarung

In diesem Kapitel geht es um sehr persönliche Dinge. Ihr sollte euch hier nach Möglichkeit komplett öffnen. Je offener ihr seid, desto mehr Tiefe gewinnt eure Beziehung. Es geht um eure tiefsten Wünsche, Hoffnungen und Träume, an denen ihr euren Partner teilhaben lasst.

Lasst euch beim Ausfüllen gerne etwas Zeit. Ihr könnt die einzelnen Punkte auch über mehrere Tage bearbeiten. Das gibt euch Zeit und Raum über eure Beziehung näher nachzudenken und so ehrliche Wort füreinander zu finden.

3. DER BEGINN VON ETWAS GROSSEM

3.1. Widmung

Dieses Buch ist für:

....

3.2. Vorstellung

Das sind wir:

Name: Name:

3. DER BEGINN VON ETWAS GROSSEM

An diesem Tag haben wir uns kennengelernt:

So haben wir uns kennengelernt:

Wer von euch hat den ersten Schritt gewagt?

Das war unser erstes Date:

Hier haben wir uns das erste Mal geküsst:

Seit diesem Tag sind wir zusammen:

3. DER BEGINN VON ETWAS GROSSEM

Unser schönstes gemeinsames Foto:

Unser lustigstes gemeinsames Foto:

3. DER BEGINN VON ETWAS GROSSEM

3.3. Unvergessliche Momente

Unser aufregendstes gemeinsames Erlebnis:

Das peinlichste gemeinsame Erlebnis:

Unser ungewöhnlichstes gemeinsame Erlebnis

Dieses Erlebnis hat uns besonders zusammengeschweißt:

Unser romantischstes gemeinsame Erlebnis:

3.4. Offenbarung

Das Schönste an meinem Partner ist:

Der schönste Charakterzug meines Partners ist:

Das liebe ich am meisten an meinem Partner:

Das ist das Schönste, was mein Partner je zu mir gesagt hat:

Das ist das Schönste, was mein Partner je für mich getan hat:

Das wünsche ich mit am meisten für meinen Partner:

3. DER BEGINN VON ETWAS GROSSEM

Das wünsche ich mit am meisten von meinem Partner:

So sehen wir uns in 10 Jahren:

Meine persönlichen Ziele sind:

Meine beruflichen Ziele sind:

Mein Traum ist:

Das ist mein größter Wunsch für unsere Beziehung:

4. Die Bucket List

In diesem Kapitel geht es konkret um die Bucket List. Jeder von uns hat Träume und Ziele im Liebe, die sich erfüllen sollen. Mithilfe der Bucket List könnt ihr diesen Zielen und Träumen ein Stückchen näher kommen. Einfach, indem ihr euch bewusst über eure eigene Bucket List Gedanken macht und die definierten Ziele Schritt für Schritt umsetzt. Eine Bucket List ist quasi wie eine kleine To-Do-Liste. Der Unterschied ist jedoch, dass es sich hier nicht um Pflicht-, sondern um schöne Aufgaben handelt. Das Erfüllen der Bucket List soll Spaß machen und euch wieder näher zueinander bringen. Viel zu oft nehmen wir uns Dinge vor, die wir dann im Endeffekt doch nicht machen. Wir verschieben sie stets auf später. Doch das Leben ist endlich und es gibt irgendwann einen Zeitpunkt, an dem es zu spät ist. Das soll euch nicht passieren.

Erfahrt hier, was es eigentlich mit der Bucket List auf sich hat und wie ihr ein Leben ohne Abstriche führen könt. Anschließend geht es darum, dass ihr euch eure eigene Bucket List erstellt. Dafür liefert dir dieses Buch 500 Ideen und Inspirationen, wie solch eine Bucket List aussehen könnten. Zudem betrachten wir einige Hindernisse, die beim Erfüllen der Bucket List auftreten können und wie ihr diese dennoch meistert.

4. DIE BUCKET LIST

4.1. Was hat es mit der Bucket List auf sich?

Eine Bucket List beinhaltet alle Dinge, dir ihr einmal in eurem Leben erleben möchtet. Dabei spielt es keine Rolle, ob es sich um große oder kleine Ziele handelt. Es geht hier ganz allein, um eure persönlichen Interessen. Es gibt keinerlei Wertung, wie abenteuerlich oder gefährlich diese Ziele sind. Nicht jeder Mensch hat die gleichen Interessen und das ist auch vollkommen okay so. Die Bucket List geht schließlich um euch und nicht um andere Menschen. Ihr sollt herausfinden, was für euch persönlich große Herausforderungen sind.

Die Bucket List leitet sich aus der englischen Redewendung „to kick the bucket" ab. Die Redewendung entstand im Mittelalter, als es noch Hinrichtungen gab. Hier stand der Verurteilte auf einem Eimer und hatte eine Schlinge um den Hals. Der Scharfrichter hat diesen Eimer anschließend weggetreten und der Verurteilte starb.

Die Bucket List kann damit mit einer Wunschliste vor dem Tod gleichgesetzt werden. Darauf lässt auch der deutsche Begriff „Löffelliste" schließen. Die Löffelliste geht auf die Redewendung „den Löffel abgeben" zurück. Dies ist lediglich ein anderer Ausdruck dafür, dass jemand stirbt. Auch diese Redewendung stammt aus dem Mittelalter. Die arme Bevölkerung hatte nicht viele Besitztümer und konnte sich gleichzeitig keine richtige Nahrung leisten, weshalb viele von ihnen nur Brei gegessen haben. Dieser Brei wurde natürlich mit einem Löffel verzehrt. Der Löffel hatte damals eine hohe Bedeutung und wurde stets gut sichtbar platziert. Stirbt die Person, der der Löffel gehört, gibt diese den Löffel ab.

Es geht also darum, so viel wie möglich in seinem Leben zu erleben und ein Leben ohne Abstriche zu führen. Ihr solltet euer Leben so gestalten wie es euch gefällt. Denn am Ende solltet ihr nicht das Gefühl haben, dass ihr irgendetwas verpasst habt.

4.2. Ein Leben ohne Abstriche

Ein Leben ohne Abstriche. Was bedeutet das eigentlich? Vereinfacht gesagt: Im Leben geht es darum, so viele Erinnerungen wie möglich zu schaffen. Erinnerungen und die daran gebundenen Erlebnisse mit den Menschen, die uns wichtig sind, gehören zu den wichtigsten Dingen im Leben. Erfahrungen und Erinnerungen machen uns glücklich. Nicht materielle Dinge. Geld, schnelle Autos und schöne Kleidung sind zwar nett, doch sie füllen nicht die Leere in uns. Wir können mit unserem Partner im schönsten Haus wohnen und die schönsten Dinge besitzen und trotzdem in unserer Beziehung unglücklich sein. Wir leben einfach nebeneinander her, anstatt die Momente miteinander zu genießen.

Ein Leben ohne Abstriche bedeutet, so viele kostbare Momente wie möglich zu sammeln. Natürlich kann man nicht jeden Tag großartige neue Dinge erleben. Es gibt schließlich noch so etwas wie einen Alltag, der auch erledigt werden muss. Das heißt, wir müssen in gewisser Weise Kompromisse eingehen. Allerdings solltest du dir regelmäßig mit deinem Partner Auszeiten schaffen, damit ihr noch von eurem Alltag gefangen genommen werdet. So könnt ihr euch selbst und in eurer Beziehung weiter entwickeln.

4. DIE BUCKET LIST

Und auch im Alltag ist es möglich glückliche Momente miteinander zu erleben. Viele schöne Momente nehmen wir gar nicht mehr richtig wahr. Sei es bewusst oder unbewusst. Sie ziehen einfach an uns vorbei, ohne dass wir es bemerken. Wir werden quasi blind für die Gegenwart. Die meisten Menschen leben entweder in ihrer Vergangenheit oder in der Zukunft. Sie denken darüber nach, was war und haben Angst vor dem, was kommt. Doch das Leben findet immer nur Jetzt statt. Genau Jetzt. Hier. Nicht gestern und auch nicht morgen. Niemand weiß, was das Leben für uns bereit hält und wann unsere kostbare Zeit auf Erden vorbei sein wird. Möchtest du nicht auch, dass du auf dein Leben zurückblicken kannst und dabei ein großes Lächeln auf den Lippen hast? Möchtest du nicht auch ein Leben ohne Reue führen? Das geht nur, wenn du bewusst in dem Moment lebst und von Zeit zu Zeit neue Dinge wagst, die dich vor neuen Herausforderungen stellen.

Ich möchte dir hier zwei Aspekte aufzeigen, wie du deine Sichtweise auf dein Leben verändern kannst und so ein erfülltes Leben und eine erfüllte Beziehung haben kannst. Wenn du diese Aspekte in deine Beziehung integrierst, wirst du sehen, wie deine Beziehung erneut aufblühen wird. Ihr könnt euch so die Verliebtheitsphase ein Stückweit wieder zurückholen und die kleinen und großen Momente miteinander genießen.

4. DIE BUCKET LIST

Komfortzone

Hast du schon einmal etwas von der Komfortzone gehört? Die Komfortzone ist quasi unser Alltag. Es sind all die Dinge, die wir tun, bei denen wir uns wohl fühlen. In der Komfortzone bewegen wir uns nur in einem bestimmten Bereich, der uns behaglich und bekannt ist. Diese Zone ist zwar angenehm, jedoch gibt es in dieser Zone keinen Wachstum. In dieser Zone stellst du dich keinen neuen Herausforderungen, sondern gehst ihnen eher aus dem Weg. In der Komfortzone kannst du zwar theoretisch dein ganzes Leben lang verweilen, doch wird dich solch ein Leben sehr wahrscheinlich nicht sehr glücklich machen. Denn du machst immer dasselbe.

Du stehst morgens früh auf, gehst zur Arbeit, abends machst du dir was zu essen und setzt dich mit deinem Partner vor den Fernseher, anschließend geht ihr schlafen. Vielleicht triffst du dich noch ab und zu mit deinen Freunden und machst ein bisschen Sport. Im Urlaub fahrt ihr gerne in euch bekannte Gegenden. Flüchtige Küsse beim Verlassen des Hauses, ein schnelles „Ich liebe Dich" im Vorbeigehen. Das ist die Komfortzone. Die Komfortzone ist geprägt von unseren Gewohnheiten. Doch wenn wir in unseren Gewohnheiten leben, nehmen wir das Leben um uns herum gar nicht mehr wahr. Auch unseren Partner nehmen wir nicht mehr wirklich wahr und wertschätzen ihn nur selten. Er ist einfach da. Darüber sind wir zwar froh, doch wir erleben es nicht wirklich.

Vielleicht kannst du dich noch an eine Situation erinnern, wo du einmal etwas Neues ausprobiert hast. Kannst du dich daran erinnern? Welches Gefühl hat dir die neue Erfahrung gegeben? Vielleicht war sie im ersten Moment

4. DIE BUCKET LIST

erst einmal unangenehm oder du hattest sogar Angst davor, dich dieser neuen Herausforderung zu stellen, aber wie hast du dich danach gefühlt? Meistens fühlen wir uns danach wie beflügelt und stark. Wir haben das Gefühl, dass wir Bäume ausreißen und alles schaffen können, was wir möchten. Durch das Verlassen der Komfortzone können wir also über uns hinauswachsen und neue Erfahrungen machen, die uns prägen. Durch die Erfahrungen können wir uns weiterentwickeln.

Die Komfortzone verlassen wir, indem wir uns unangenehmen Situationen stellen müssen. Es sind Herausforderungen, denen wir uns nicht immer freiwillig stellen. Hier müssen wir uns unseren Ängsten stellen und diese überwinden, damit wir die Situation meistern. Sich seinen Ängsten zu stellen, klingt im ersten Moment erst einmal unattraktiv. Schließlich haben wir Angst und möchten der Angst eher nicht begegnen. Doch du kannst deine Ängste nur überwinden, wenn du dich ihnen auch stellst. Wenn du es dann geschafft hast, wirst du feststellen, dass die Situation gar nicht so schlimm war, wie du sie dir vorgestellt hast. Neue Erfahrungen machen uns glücklich. Sie geben uns das Gefühl am Leben zu sein. Wenn wir diese neuen Dinge mit unserem Partner erleben, haben wir das Gefühl, dass unsere Beziehung wieder am Leben ist. Sie atmet auf und stärkt das Band zwischen uns und unserem Partner. Denn ihr brecht zusammen aus dem Alltag aus und schafft euch neue Erinnerungen, auf die ihr zurückblicken könnt.

Wenn du zu lange in deiner Komfortzone verweilst, wird es dir immer schwerer fallen, dich neuen Herausforderungen zu stellen. Denn du vertraust immer weniger in deine Fähigkeiten und greifst lieber auf deine dir bekannten Fähigkeiten zurück. Das wird dich auf lange Sicht

4. DIE BUCKET LIST

demotivieren, was wiederum dazu führt, dich immer seltener neuen Herausforderungen zu stellen. Es ist also eine Negativspirale, aus der du schnellstmöglich ausbrechen solltest. Du möchtest schließlich ein glückliches Leben führen und dir deine Träume mit deinem Partner erfüllen. Das ist jedoch nicht in der Komfortzone möglich, sondern immer nur in der Wachstumszone, die du erreichst sobald du aus der Komfortzone heraus trittst. Wenn dies in der Komfortzone möglich wäre, dann hättest du nicht den Wunsch danach, deiner Beziehung wieder neuen Schwung zu verleihen, sondern du würdest ein zutiefst glückliches Leben mit deinem Partner führen. Das bedeutet, nur die Wachstumszone kann dir eine glückliche Beziehung ermöglichen.

Die Komfortzone dagegen ist eine gewisse Art von Resignation. Du lässt dich treiben und verfolgst keine Ziele mehr. Neue Erlebnisse treten immer mehr in den Hintergrund und du bist mit deinem Partner vollkommen im Alltagstrott gefangen. Du funktionierst einfach nur noch. Inspiration und Träume werden hinten angestellt bis du sie letztendlich vergisst. Wenn wir uns zu lange in der Komfortzone befinden, werden wir häufig auch träge und sind nicht mehr so aktiv. Das sind alles Aspekte, die sich negativ auf unsere Beziehung auswirken. Wenn du einmal zurück denkst - Wie hast du dir die perfekte Beziehung vorgestellt? Wie habt ihr euer Leben gestaltet? Habt ihr jeden Tag das Gleiche gemacht? Oder war deine Beziehung in deiner Vorstellung aufregend und abenteuerreich? Dieses Abenteuer kannst du dir in deine Beziehung zurückholen. Abenteuer bedeutet nicht, dass ihr nur vollkommen verrückte Dinge tut. Wie du bereits weißt, können auch die kleinen Dinge euren Alltag bereichern.

4. DIE BUCKET LIST

Doch wie kommt ihr nun aus der Komfortzone heraus? Einmal in der Komfortzone festgefahren, ist es nicht immer so leicht dort auch wieder herauszukommen. Doch es ist auf jeden Fall möglich. In erster Linie brauchst du eine gute Portion Motivation. Die Motivation findest du in einem Grund, warum du aus deiner Komfortzone treten möchtest. Dieser Grund wird dir die nötige Antriebskraft schenken. Definiere daher einmal für dich, was dein Grund ist. Warum möchtest du aus der Komfortzone treten und deine Beziehung und dein Leben verändern? Was wünscht du dir von der Zukunft? Wie stellst du dir dein Leben mit deinem Partner vor? Du darfst hier auch gerne deinen Partner in deine Überlegungen mit einbeziehen. Ihr sollt schließlich gemeinsam aus der Komfortzone heraustreten und euch zusammen neuen Herausforderungen stellen. Im nächsten Kapitel werde ich noch einmal genauer darauf eingehen, wie ihr euch eure eigene Bucket List und damit eure gemeinsamen Ziele definieren und so aus eurer Komfortzone heraustreten könnt.

Achtsamkeit

„Wenn du dein Leben so erfüllt und glücklich leben möchtest, wie es geht, dann sei dort, wo es stattfindet: Im Hier und Jetzt!"

- Doris Kirch

Achtsamkeit bedeutet, dass du in der Gegenwart lebst. Im Hier und Jetzt. Viel zu oft leben wir in der Vergangenheit. Wir ärgern uns darüber, was wir getan oder gesagt haben und spielen die Situationen ständig wieder im Kopf durch. Dabei suchen wir nach Lösungen, wie wir es anders hätten machen können. Anstatt diese Lösungen dann als

4. DIE BUCKET LIST

eine wertvolle Erkenntnis anzusehen, die wir das nächste Mal anwenden können, ärgern wir uns über uns selbst und bestrafen uns dafür, dass wir in der Situation falsch gehandelt haben. Doch wir wussten es in dem Moment nicht anders. Wir waren noch nicht so weit, dass wir anders handeln konnten. Gerade in Beziehungen werden wir vor immer neuen Herausforderungen gestellt, die wir zuvor nicht kommen sahen und nicht immer gehen wir mit diesen Problemen richtig um. Das gehört zum Lebensprozess. Aus Fehlern lernen wir. Und das ist vollkommen okay so. Es wird noch viele Momente geben, in denen wir nicht immer richtig handeln. Fehler sind ein fester Bestandteil unseres Lebens. Und wir sollten uns freuen, dass wir Fehler machen dürfen. Wenn jetzt schon alles perfekt wäre... Wäre das nicht ein ziemlich langweiliges Leben? Ein Leben ohne persönliche Weiterentwicklung? Wir wären einfach nur reine Maschinen. Fehler machen uns menschlich. Jeder hat sie.

Auch die Zukunft ist ein ständiger Begleiter. Statt uns an der Zukunft zu erfreuen, denken wir ständig daran, was sein wird. Ob alles gut laufen wird. Ob alles so wird, wie wir es uns vorstellen. Wir setzen uns mit den Zukunftsgedanken schon vor der eigentlichen Situation unter Druck. Oder wir vertrösten uns selbst, indem wir uns sagen, wenn erst einmal xy passiert, dann kann ich endlich glücklich sein. Doch selbst, wenn xy eintrifft, wird das am Ende nicht dazu führen, dass wir glücklich werden. Glück entsteht nicht nur in uns selbst, sondern ist immer ein Teil der Gegenwart. Wenn du nicht im Hier und Jetzt lebst, dann wirst du das Glück nicht erfahren. Denn du wirst das Glück nicht wahrnehmen. Es kann direkt vor deiner Nase sein, doch du wirst es nicht sehen. Dein Partner beispielsweise. Er gehört zu deinem Lebensglück dazu. Er macht dich glücklich. Doch wann war das letzte Mal,

4. DIE BUCKET LIST

dass du wirklich dankbar für deinen Partner warst? Als du das Glück für deinen Partner wirklich gespürt hast? Wann hast du deinen Partner das letzte Mal richtig angesehen und wahr genommen? Im Alltag kann man dieses Glück schnell einmal vergessen, da es mehr eine Grundzufriedenheit ist, die wir häufig nicht richtig wertschätzen. Doch, wenn du dich einmal wirklich auf deinen Partner und euer schönes Leben konzentrierst und deine Dankbarkeit dafür ausdrückst, kannst du dieses Glück wieder spüren.

Daher möchte ich dich mit dem Konzept der Achtsamkeit vertraut machen. Durch Achtsamkeit lernst du, wieder im Hier und Jetzt zu leben. Auch die Dankbarkeit ist ein wichtiger Bestandteil der Achtsamkeit. Sie hilft dir dabei, das Schöne in deinem Leben wieder wahrzunehmen und zu genießen.

Der Begriff Achtsamkeit stammt aus der buddhistischen Lehre. Achtsamkeit bedeutet, jeden Moment bewusst wahr zu nehmen und nicht zu bewerten. Unabhängig von der Religion kann jeder Mensch Achtsamkeit praktizieren. Achtsamkeit wird dich im Alltag sehr viel gelassener und entspannter machen und dir dabei helfen, dich auf die wirklich wichtigen Dinge zurückzubesinnen.

Nur die wenigsten Menschen leben Achtsamkeit in ihrem Alltag. Denn Achtsamkeit bedeutet, jeden Moment bewusst wahrzunehmen. Wir denken nicht an die Vergangenheit und auch nicht an die Zukunft. Wir befinden uns im jetzigen Moment und genießen ihn mit allen Sinnen. In der Regel sind wir zu sehr in unserem Alltag gefangen, sodass wir unsere Umgebung gar nicht mehr richtig wahrnehmen. Der Kaffee wird getrunken, während wir die Zeitung lesen oder wir fahren blind zur Arbeit und nehmen

4. DIE BUCKET LIST

den Weg gar nicht mehr so richtig wahr. Wir sitzen mit unserem Partner vor dem Fernseher, aber bemerken ihn eigentlich nicht richtig. Wir küssen unseren Partner zum Abschied, doch sind in Gedanken bereits auf der Arbeit. Das bedeutet, wir erledigen diese Dinge zwar, aber sie sind nicht mehr in unserem Bewusstsein. Dadurch kann es passieren, dass wir uns im Alltag oft gestresst fühlen. Wir bekommen das Gefühl, dass das Leben nur so an uns vorbei rauscht, ohne dass wir es wirklich mitbekommen. Und das entspricht auch der Wahrheit. Das Leben rauscht an uns vorbei, wenn wir es nicht mehr bewusst wahrnehmen. Kaum hat das Jahr begonnen, ist auch schon wieder September und Weihnachten steht vor der Tür. Wir wissen nicht wie uns geschieht und sind scheinbar in der Schnelligkeit des Lebens gefangen.

Doch es gibt eine Lösung für dieses Problem: Achtsamkeit. Durch die bewusste Wahrnehmung unserer Umgebung sind wir viel präsenter im Leben. Doch wir nehmen nicht nur unsere Umgebung bewusster wahr, sondern auch uns selbst. Uns wird plötzlich bewusst, wie wir handeln, wie wir denken und fühlen. Wir nehmen unseren Körper wieder wahr. Das sind ganz wunderbare Momente, in denen man sich selbst wieder wahrnimmt. Man lernt sich praktisch auf eine vollkommen neue Art und Weise kennen. Einfach nur, indem wir aus unseren Gewohnheiten ausbrechen. Damit erlangst du auch die Kontrolle über dein Leben wieder. Statt den Autopiloten einzuschalten, nimmst du selber wieder das Steuer in die Hand.

Während du achtsam bist, bist du vollkommen präsent. Du nimmst deine Gefühle wahr, anstatt sie zu unterdrücken und dich einfach nur „normal" zu fühlen. Dafür setzt du dich bewusst hin und lauscht einmal in dich hinein.

4. DIE BUCKET LIST

Plötzlich eröffnet sich dir eine Gefühlswelt, die du zuvor gar nicht wahrgenommen hast. Hier darfst du alles fühlen, was du möchtest. Ob du nun fröhlich, traurig oder wütend bist. Du bist nur der Beobachter und bewertest nicht.

Das Prinzip der Achtsamkeit ist deswegen so wertvoll, da es hierbei nicht um die Bewertung von etwas geht. Wir leben in einer Leistungsgesellschaft, in der wir ständig und ungefragt bewertet oder miteinander verglichen werden. Wer hat das bessere Leben, wer hat mehr Geld, wer führt die bessere Beziehung? Dabei verlieren wir den Blick für uns selbst und leben mehr im Außen, als im Innen.

Achtsamkeit ist ein Zustand der Beobachtung. Du beobachtest jedoch nicht nicht mit deinen Augen, sondern auch deine anderen Sinne sind am Beobachtungsprozess beteiligt. Du siehst deinen Partner, wir er den morgendlichen Kaffee für euch vorbeireitet oder euer Abendessen kocht. Du nimmst wahr, wie dein Partner dich ansieht, wenn du mit ihm redest. Du spürst deinen Partner neben dir auf dem Sofa sitzen. Du genießt den Geruch deines Partners. Du fühlst seine Haut, seine Küsse. Wenn du Achtsamkeit in deine Beziehung integrierst, dann wirst du deinen Partner wieder auf vollkommen neue Art und Weise kennenlernen.

Wenn du das Verlassen der Komfortzone und die Achtsamkeit regelmäßig praktizierst, wird deine Beziehung ein ganz neues Level erreichen. Ihr werdet euch wieder besser aufeinander einlassen können, ihr werdet euch neuen Herausforderungen stellen und neue Dinge zusammen erleben. In Summe wird eure Beziehung dadurch sehr viel glücklicher und tiefgründiger. Denn ihr besinnt euch wieder auf euch als Paar zurück.

Schrecke nicht davor zurück, Neues zu wagen und in der Gegenwart zu leben. Es gibt so viele Momente zu erleben. Du musst die Gelegenheit nur ergreifen und den Sprung ins Ungewisse wagen. Sei mutig und springe über deinen eigenen Schatten. Lebe dein Leben. Denn du hast nur dieses!

4.3. Das Verfassen der gemeinsamen Bucket List

Nun geht es ans Eingemachte: Ihr sollt eure eigene Bucket List erstellen. Das kann auf den Blick eine ganz schöne Herausforderung sein. Daher habe ich euch hier eine Anleitung zusammengestellt, die ihr nutzen könnt, um ein wenig Struktur in das Erstellen eurer Löffelliste zu bringen.

Brainstorming

Zunächst einmal solltet ihr ein ausgiebiges Brainstorming machen. Das bedeutet, dass ihr alles aufschreibt, was euch in den Sinn kommt. Alles, was ihr schon immer einmal machen wolltet, könnt ihr jetzt aufschreiben. Das können sehr große Ziele sein, aber auch kleine, vielleicht sogar alltägliche Dinge sein, dir ihr unbedingt erledigen wollt bis jetzt aber noch nie getan habt. Wenn ihr möchtet, könnt ihr beim Brainstorming direkt in verschiedenen Kategorien denken. Das können verschiedene Reiseziele, persönliche Sachen, Freizeitaktivitäten, neue Fähigkeiten, verschiedene Sportarten sein, etc. Schreibt einfach alle Ideen auf einem weißen Blatt Papier auf und lasst euren Gedanken freien Lauf. Wenn es euch hilft, könnt ihr die Ideen auch erst einmal unabhängig voneinander verchristlichen und diese dann später zusammenführen. Es werden sich mit Sicherheit einige Gemeinsamkeiten ergeben. Dies kann auch eine zusätzliche Inspiration sein, da ihr beide wahrscheinlich auch verschiedene Dinge denkt, die der Andere vielleicht nicht beachtet habt, aber vielleicht auch gerne machen würde. Wenn ihr eure Ideen später miteinander austauscht, dann schaut, welche Ziele euch beiden zusagen. Denn es soll hier explizit um eure gemeinsame Bucket List als Paar gehen. Ziele, die der Partner nicht teilt, könnt ihr beispielsweise in einer eigenen Bucket List verwirklichen. Niemand verbietet euch eine Paar-Bucket-List und eine eigene Liste zu erstellen und bei zu erfolgen. Ihr seid schließlich nicht nur ein Liebespaar sondern auch zwei Individuen. Auch die Selbstständigkeit gehört zum Fundament einer guten Beziehung, weshalb eure Vorstellungen nicht in allem übereinstimmen müssen und ihr auch eure eigenen Ziele verfolgen dürft.

Fragen stellen

Wenn ihr mit dem Brainstorming nicht so richtig vorankommt oder nach weiteren Zielen sucht, könnt ihr euch gegenseitig verschiedene Fragen stellen. Das kann euch helfen herauszufinden, welche Ziele und Wünsche ihr insgeheim habt, ohne dass sie euch vielleicht so richtig bewusst sind.

- Welche Stadt/Länder möchtet ihr unbedingt einmal sehen?
- Was war eurer größter Kindheitstraum?
- Was würdet ihr gerne machen, wenn ihr unbegrenzte Zeit zur Verfügung hättet?

4. DIE BUCKET LIST

- Was würdet ihr machen, wenn ihr unendlich viel Geld hättet?
- Was würdet ihr tun, wenn ihr nur noch wenige Wochen oder Monate zu leben hättet?
- Was macht euch wirklich glücklich?
- Gibt es etwas, das ihr unbedingt schon einmal erleben wolltet, aber nie gemacht habt?
- Was würdet ihr gerne an euch ändern?
- Was würdet ihr gerne lernen?
- Seid ihr mit eurem Leben glücklich? Wenn nein, was müsste sich ändern?
- Was würdet ihr euren Kindern gerne mit auf dem Weg geben?

Inspiration

Zusätzlich könnt ihr auch nach weiteren Inspirationen suchen. Schaut euch verschiedene Löffellisten von anderen Menschen oder Paaren haben. Auch in diesem Buch habe ich dir viele verschiedene Punkte zusammengetragen, an denen ihr euch orientieren könnt. So könnt ihr eure persönliche Bucket List um Punkte erweitern, die euch vielleicht selbst nicht eingefallen sind.

Organisation

Damit ihr ein bisschen Struktur in eure Liste bekommt, könnt ihr die Ziele einmal in kurzfristige, mittelfristige und langfristige Ziele unterteilen:

kurzfristig: Hier kommen alle Punkte rein, die ihr sofort erledigen könnt. Das kann zum Beispiel ein romantisches Abendessen, eine schöne Massage, ein langer Filmabend, etc. sein. Das bedeutet, ihr müsst in diese Dinge keine große Zeit oder viel Geld investieren, sondern könnt die Punkte sofort angehen. Das wird euch auch zusätzliche Motivation geben, um weitere Punkte auf der Liste abzuhaken.

mittelfristig: Auf die mittelfristige Liste kommen alle Dinge, die ihr zwar nicht sofort, aber in naher Zukunft machen könnt. Das kann beispielsweise ein kleiner Wochenendausflug oder die Flucht aus einem Escape Room sein. Auch dieser Dinge bedarf es meist nicht viel Zeit oder Geld.

langfristig: Die langfristigen Ziele sind hingegen mit ausreichend viel Zeit und/oder Geld verbunden. Vielleicht müsst ihr auf bestimmte Ziele Hinsparen oder ihr braucht mehrere Woche für dieses Ziel zur Verfügung. Das kann zum Beispiel eine Weltreise oder der Hausbau sein.

Liste erstellen

Im Anschluss könnt ihr eine konkrete Liste mit allen Zielen erstellen, die für euch beide wichtig sind. Allerdings solltet ihr einen typischen Anhängerfehler vermeiden. Denn ihr sollt in eurer finalen Liste nicht wahllos irgendwelche Aktivitäten aufschreiben, die euch irgendwie nur einfallen. Es geht hier wirklich nur um eure Herzenswünsche und um die Dinge, die euch als Paar wirklich repräsentieren. Denn wenn euch das Ziel eigentlich gar nicht zusagt, aber auf der Liste steht, wird dieses Ziel wahrscheinlich für immer dort stehen bleiben, ohne jemals durchgestrichen zu werden. Es geht nicht darum, dass ihr so viele Dinge wir möglich aufschreibt, um eine möglichst lange Liste herauszubekommen. Wenige, aber dafür wirklich wichtige Ziele haben eine viel größere Bedeutung.

Dabei ist die Liste natürlich nicht starr, sondern kann regelmäßig geändert werden. Bei Bedarf könnt ihr immer wieder alte Dinge herausstreichen oder neue Dinge hinzufügen. Natürlich dürft ihr auch eure Meinung und damit bestimmte Ziele ändern. Ihr solltet jedoch keine Dinge ändern, weil sie euch vielleicht Angst einjagen, sondern nur, wenn sie wirklich nicht mehr euren Herzenswünschen gerecht werden. Eine Bucket List dient schließlich dazu sich neuen Herausforderungen zu stellen und daran zu wachsen.

Der letzte Schritt ist natürlich die Umsetzung. Es nützt nichts, wenn ihr nur die Liste erstellt und diese dann in der Ecke verstaubt. Ihr sollt mit der Löffelliste eure Ziele einmal schriftlich definieren, um sie euch stets in Erinnerung zu rufen und auch umsetzen zu können.

Vorlage Bucket List

☐ ...

☐ ...

☐ ...

☐ ...

4.4. Probleme existieren, um gelöst zu werden

Beim Erfüllen der Bucket List kann es immer wieder zu Problemen kommen. Damit das Projekt jedoch nicht an diesen Problemen scheitert, möchte ich euch einige Lösungsvorschläge anbieten, sodass ihr die Hindernisse überwinden und alle Punkte auf eurer Bucket List erfüllen könnt.

Zu wenig Zeit

Viele Menschen haben das Gefühl, dass sie gar keine Zeit haben, um sich ihre Träume erfüllen. Der Job und der Alltag nimmt sie komplett ein und sie haben das Gefühl, dass sie im Hamsterrad laufen und nicht mehr herauskommen. Grundsätzlich hat aber jeder erst einmal gleich viel Zeit zur Verfügung. Der Tag hat immer 24 Stunden.

Es geht also darum Freiräume zu schaffe und Prioritäten zu setzen. Häufig wird der Fokus auf die falschen Dinge gesetzt, sodass es uns nur so erscheint, dass wir zu wenig Zeit haben. Wenn wir uns jedoch wichtige Ziele setzen und auf diese bewusst hinarbeiten, werden wir bemerken, dass wir eigentlich doch dafür Zeit haben. Dann bleibt die Wäsche halt mal einen Tag länger ungewaschen.

Wie heißt es so schön: Alles kann, nichts muss. Generell „müssen" wir eigentlich ziemlich wenig im Leben. Alles, was wir tun basiert auf einer freiwilligen Basis. Natürlich gibt es Aufgaben im Alltag, die erledigt werden sollte. Doch wer sagt, dass das sofort geschehen muss? Wenn ihr euch stattdessen lieber einen Film anschauen oder schick essen gehen wollt, dann macht das einfach. Die Verpflichtungen laufen nicht davon. Wir können uns jedoch bewusst Auszeiten nehmen und einfach mal das Leben ohne Zwang genießen. Das wird euch wieder Motivation und neue schenken, um unangenehmen Aufgaben nachzugehen.

Zusätzlich könnt ihr einmal schauen, wo ihr euren Alltag optimieren könnt, um neue Zeit zu schaffen. Vielleicht könnt ihr gewisse Aufgaben aufteilen oder miteinander kombinieren, sodass sie in Summe weniger Zeit kosten. Ihr könnt zum Beispiel die Einkäufe direkt auf dem Nachhauseweg von der Arbeit erledigen. Es geht darum, dass ihr die Zeit, die euch zur Verfügung steht so effektiv wie möglich nutzt, um anschließend genug Freizeit zu haben, um eure Träume zu erfüllen und euer Leben zu genießen.

Zu wenig Geld

Einige Punkte auf eurer Bucket List werden wahrscheinlich viel Geld kosten und damit ganz schön in den Geldbeutel gehen. Nicht alle Paare haben auch das nötige Budget auf der hohen Kante, um sich all ihre Wünsche zu erfüllen. Ihr müsst euch die kostspieligen Träume nicht sofort erfüllen. Packt sie zu euren langfristigen Zielen und spart währenddessen auf diese Ziele hin.

In einem ersten Schritt solltet ihr euch zunächst einmal eure monatlichen Kosten anschauen. Listet einmal all eure Kosten auf und sortiert sie nach Fixkosten und sonstigen Kosten. Häufig bemerken wir gar nicht, wieviel unnötiges Geld wir im Monat eigentlich ausgeben. So seht ihr einmal alles auf schwarz und weiß und könnt Kostenfallen ausfindig machen. Diese könnt ihr anschließend umgehen und somit bewusster mit eurem wertvollen Geld umgehen.

4. DIE BUCKET LIST

Mit einigen Tipps und Tricks könnt ihr euch jeden Monat etwas zurücklegen und so eurem Traum ein Stück näher kommen. Zudem wird es euch ein positives Gefühl verschaffen, wenn ihr zusammen auf ein Ziel hinarbeitet.

- **Budgets festlegen:** Setzt euch feste Budgets für bestimmte Ausgaben, wie Essen, Kleidung, Kosmetik, Restaurantbesuche, Freizeit, etc. So wirst ihr wieviel Geld ihr pro Monat ausgebt und zum Sparen zur Verfügung bleibt. Wenn das Budget nicht aufgebraucht werden, kann es beispielsweise gleich in den Spartopf hüpfen. Schließlich war das Geld sowieso verplant, wodurch ihr es nicht vermissen werdet.

- **Haushaltsbuch führen:** Dadurch habt ihr all eure Ausgaben immer im Blick und könnt sehen, ob ihr über einem gewissen Budget liegt.

- **Einkaufslisten schreiben:** Bevor ihr einkaufen geht, solltet ihr euch eine genaue Liste mit allen Dingen, die ihr benötigt, erstellen. Anschließend solltet ihr euch natürlich an die Liste halten. So könnt ihr Spontankäufe vermeiden und bares Geld sparen.

- **Weniger ist mehr:** Häufig besitzen wir viel zu viele Dinge, die wir gar nicht wirklich nutzen können. Werdet euch einmal über eure Besitztümer bewusst und sortiert aus, was ihr nicht mehr benötigt. Diese Dinge könnt ihr anschließend verkaufen und das Geld direkt in den Spartopf werfen. Auch beim nächsten Einkauf solltet ihr euch vorher gut überlegen, ob ihr das wirklich braucht. Führt beispielsweise eine 14-Tage-Regel ein. Wenn ihr es nach 14 Tagen immer noch haben möchtet, dann dürft ihr es kaufen. In den meisten

Fällen habt ihr es aber bereits nach einigen Stunden vergessen, was bedeutet, dass es eigentlich keine hohe Bedeutung für euch hatte.

- **Sparen und Anlegen:** Das Geld könnt ihr nicht nur auf einem extra Geldkonto sparen, sondern beispielsweise auch clever anlegen. Es gibt beispielsweise ETFs, die eine gute Sparmöglichkeit ohne hohen Risiken darstellen. Hier bekommt ihr wesentlich mehr Zinsen, als auf einem Sparbuch oder Tagesgeldkonto.

Fehlende Motivation oder Angst

Auch eine fehlende Motivation oder sogar Angst können dazu führen, dass ihr die Umsetzung der Bucket List nicht so richtig angeht. Es ist wichtig, dass ihr euch ins Bewusstsein ruft, dass diese Bucket List euer Leben bereichern und es nicht erschweren soll. Mit der Bucket List sollt ihr euer Leben in den vollen Zügen genießen. Dafür lohnt es sich gewissen Ängsten zu stellen und die Komfortzone zu verlassen. Hinterher werdet ihr wahrscheinlich bemerken, dass alles halb so wild war und euch fragen, warum ihr nicht schon eher diesen Schritt gewagt habt.

Fehlt es euch hingegen an Motivation, kann das zwei verschiedene Gründe haben: ein fehlendes Selbstvertrauen in eure eigenen Fähigkeiten oder zu viel Druck. Macht ihr euch beispielsweise zu viel Druck bei der Erfüllung eurer Ziele kann das kontraproduktiv wirken. Die Zielerreichung soll Spaß machen und euch nicht in den Wettkampf-Modus versetzen. Es dient lediglich eurem eigenen Glück und der Weiterentwicklung eurer Beziehung. Nehmt den Druck raus und konzentriert euch nur auf euch. Wenn ihr mal eine Pause von eurer Liste braucht, ist das gar kein Problem. Nehmt euch euch die Zeit, die ihr braucht. Ihr müsst nicht sofort alle Ziele auf einmal erfüllen, sondern könnt sie aufteilen. Dabei kann euch beispielsweise die Einteilung in kurzfristige, mittelfristige und langfristige Ziele helfen. Dadurch könnt ihr den Druck rausnehmen und euch erst einmal auf die kleinen Dinge konzentrieren bevor ihr euch langsam steigert.

Liegt die fehlende Motivation jedoch am mangelnden Selbstvertrauen, können euch diese Tipps helfen, um euer Selbstvertrauen zu stärken.

- kleine Ziele setzen und meistern
- Eigenverantwortung für Entscheidungen übernehmen
- positiv denken
- Stress abbauen durch Entspannungsübungen
- gerade Körperhaltung
- regelmäßig Sport machen
- Dankbarkeit
- anderen Menschen regelmäßig Komplimente machen
- sich selbst für kleine Erfolge belohnen
- Selbstreflexion

Mit einem hohen Selbstbewusstsein werdet ihr euch mutiger fühlen, sodass ihr größere Herausforderungen eher antretet. Auch die Erhöhung des Serotoninspiegels wie in Kapitel 2.3. beschrieben, kann zu einem besseren Selbstbewusstsein verhelfen.

4.5. 500 Ideen für die Bucket List

Reisen

☐ **Nach Disneyland fahren**

Unternehmt doch mal eine Reise ins Disneyland. Es ist vielleicht etwas kitschig, doch es wird euch auf jeden Fall für immer in Erinnerung bleiben.

☐ **Eine Hüttenwanderung machen**

Wandern gehen, die Stille der Berge genießen. Mit einer Hüttenwanderung könnt ihr einmal so richtig abschalten und euch nur auf euch und die Natur konzentrieren.

☐ **Auf eine Safari gehen**

Einmal im Leben die Big Five sehen. Die Big Five sind Elefanten, Nashörner, Büffel, Löwen und Leoparden. Auf einer Safari könnt ihr auf Entdeckungsreise gehen und in den Genuss der afrikanischen Natur kommen.

☐ **Am Midsommer in Schweden teilnehmen**

Der Midsommer ist ein Fest zur Sommersonnenwende, wenn die Nächte kaum dunkel werden. Es ist eine alte Tradition. Außenstehende dürfen häufig nicht daran teilnehmen, wenn ihr jedoch Kontakte mit Einheimischen knüpft, erhaltet ihr vielleicht diese einmalige Chance.

4. DIE BUCKET LIST

☐ **Den St. Patrick's Day in Irland feiern**

Der St. Patrick's Day ist das Fest in Irland. Alles ist komplett in das Motto in grün getaucht und ihr könnt mit den Einheimischen in den Pubs feiern und Guiness trinken.

☐ **Beim Karneval in Rio mittanzen**

Karneval in Rio. Bunt, verrückt, Samba. Lasst euch von der Stimmung mitreißen, tanzt und genießt das Leben.

☐ **Mit dem Fahrrad eine Alpenüberquerung machen**

Eine Alpenüberquerung mit dem Fahrrad ist eine echte Probe für die Beziehung. Ihr werdet oft an eure Grenzen stoßen, aber das wird euch nur noch mehr zusammenschweißen. Wie wäre es mit einer Tour von München nach Venedig?

☐ **Mit dem Rucksack verreisen**

Eine Rucksack-Tour ist ein einmaliges Erlebnis, das euch ebenfalls an eure Grenzen bringen wird. Es wird immer wieder zu Situationen kommen, die ihr nicht vorhersehen könnt. Egal, ob Asien, Australien oder Südamerika - das Land steht euch vollkommen offen.

☐ **Auf einem Schloss übernachten**

Schlösser haben einen gewissen Charme. Ihr könnt in eine alte Zeit abtauchen. Gleichzeitig sind Schlösser unglaublich romantisch, was sich automatisch auf eure Beziehung übertragen wird.

4. DIE BUCKET LIST

☐ Ein Wochenende in einer einsamen Berghütte

Was gibt es romantischeres als eine einsame Berghütte. Holz hacken, es sich vor dem Kamin gemütlich machen. Hier habt ihr Zeit euch einmal komplett auf euch und eure Beziehung zu konzentrieren.

☐ Einen Roadtrip durch Italien machen

Italien ist wunderschön und sehr facettenreich. Mit einem Roadtrip durch Italien könnt ihr neue Seiten an Italien entdecken, die fernab von dem ganzen Tourismus sind.

☐ Mit einem VW-Bus durch Norwegen reisen

Norwegen. Ein Land mit einer unglaublichen Natur. So pur und wild. Ihr könnt an abgelegenen Orten im VW-Bus schlafen und so eins mit der Natur werden.

☐ Eine Wanderung in der Antarktis machen

Eine Wanderung in der Antarktis gehört wohl zu den verrückteren Aufgaben. Es ist kalt und unberechenbar. Gleichzeitig könnt ihr eine unglaubliche Stille genießen, die es sonst nirgendwo gibt. Damit euch nichts passiert, solltet ihr die Tour mit einem Führer machen.

☐ Eine Motorrad-Tour durch Südamerika machen

Einmal wild sein und mit dem Motorrad durch Südamerika cruisen. Ihr könnt eure Route durch mehrere Länder planen, um so viel wie möglich von Südamerika zu sehen und zu erleben.

4. DIE BUCKET LIST

☐ **In die Karibik reisen**

In der Karibik könnt ihr die Strände und das Meer genießen. Aus Kokosnüssen trinken und einfach mal entspannen.

☐ **Auf den Malediven entspannen**

Die Malediven gehören wohl zu den romantischen Reisezielen. Nicht ohne Grund verbringen dort viele ihre Flitterwochen. Für die Reise habt ihr die Wahl zwischen verschiedenen kleinen Inseln, die alle nur per Wasserflugzeug zu erreichen sind. Idylle pur!

☐ **Die 7 Weltwunder besuchen**

Einmal die 7 Weltwunder erleben. Dazu gehören die Felsenstadt Petra, die chinesische Mauer, Chichen Itza, Cristo Redentor, das Kolosseum in Rom, der Machu Picchu und das Taj Mahal in Indien.

☐ **An Silvester mit dem Flugzeug fliegen**

Habt ihr schon einmal von der Silvesterreise im Flugzeug gehört? Hier durchquert ihr verschiedene Zeitzonen, sodass ihr an einem Abend mehrmals Silvester feiern und euch in das neue Jahr küssen könnt.

4. DIE BUCKET LIST

☐ **Spontan zum Flughafen fahren und den erstbesten Flug nehmen**

Spontan sein, nicht nachdenken und nicht wissen, wohin es geht. Packt eure Sachen für alle Eventualitäten und fahrt einfach zum Flughafen. Der nächste Flug ist eurer.

☐ **Auf einer Vespa durch Rom düsen**

Italien ist bekannt für die Vespa. Lebt einmal wie ein echter Italiener und düst auf einer Vespa durch Rom und genießt im Anschluss Pizza, Wein und Tiramisu.

☐ **In einer Gondel durch Venedig fahren**

Mit einer Gondel durch Venedig zu fahren ist sehr romantisch und ihr könnt die Stadt auf dem Wasserweg erkunden.

☐ **Im Tropical Island übernachten**

Das Tropical Island ist ein tropisches Bad, in dem ihr auch übernachten könnt. Lasst die Seele baumeln und genießt das tropische Flair ohne wirklich in die Tropen reisen zu müssen.

☐ **Per Anhalter verreisen**

Einmal verreisen, ohne zu wissen, wie man an den eigentlichen Zielort gelangt. Per Anhalter zu verreisen ist aufregend und ihr werdet viele neue Menschen und Geschichten kennenlernen. Plant dafür ausreichend Zeit ein, da nicht immer alles nach Plan verläuft.

4. DIE BUCKET LIST

☐ **Auf einem Wochenend-Trip Couch-Surfing machen**

Verreist doch einmal in eine neue Stadt ohne ein Hotel zu buchen. Es gibt verschiedene Plattformen, auf denen ihr Unterkünfte zum Couch Surfen buchen könnt.

☐ **In einem Wasserbungalow übernachten**

Näher als in einem Wasserbungalow könnt ihr dem Meer nicht kommen. Eure Terrasse endet direkt im Meer und ihr könnt jederzeit in die Fluten springen. Genießt eure Zeit zu zweit.

☐ **Eine Kreuzfahrt machen**

Einmal in seinem Leben sollte man eine Kreuzfahrt machen. Ihr habt hier verschiedene Optionen und Routen zur Auswahl. Es gibt immer wieder Landgänge, sodass ihr auch die verschiedenen Länder und Städte kennenlernen könnt.

☐ **Ein Wochenende in Paris verbringen**

Paris ist die Stadt der Liebe. Also warum nicht einmal ein Wochenende in Paris verbringen und die Liebe feiern. Paris ist wunderschön und perfekt für verliebte Paare geeignet. Vergesst nicht Croissants und Baguette zu essen!

4. DIE BUCKET LIST

☐ **Nach New York reisen**

New York. Die Stadt, die niemals schläft. Lasst euch in der Stadt treiben und erkundet die Stadt mit ihren vielen Hochhäusern.

☐ **Auf den höchsten Wolkenkratzer der Welt steigen**

Der höchste Wolkenkratzer der Welt ist zur Zeit der Burj Khalifa in Dubai. Er ist 828 Meter hoch und bietet eine unglaubliche Aussicht.

☐ **Ein Glamping-Wochenende machen**

Camping mal anders. Glamping ist eine Kombination aus Camping und Glamour. Es ist also die Luxus-Variante des Campings mit einem großen Zelt und sogar einem richtigen Bett.

☐ **Blindbooking**

Es gibt verschiedene Portale, auf denen ihr blind eine Reise buchen könnt, ohne zu wissen, wohin es geht. Das steigert die Aufregung und Vorfreude.

☐ **Heimlich eine Wochenendreise buchen**

Überrascht doch einmal euren Partner mit einer kleinen Wochenendreise. Sagt ihm spontan, dass er seine Sachen packen und ins Auto steigen soll. Der Zielort wird nicht bekannt gegeben.

4. DIE BUCKET LIST

☐ Weihnachten an Strand verbringen

Einmal dem kalten Winter in Deutschland entfliehen und Weihnachten am Strand feiern. Für viele ist das ein unvergessliches Erlebnis und lässt eine komplett neue Art von Weihnachtsgefühl aufkommen.

☐ Eine Fahrt im Orient-Express

Die Originalstrecke des Orient Express verläuft von Istanbul bis Paris oder London. Unterwegs hält der Zug in Venedig, Wien, Prag, Budapest und Berlin. Hier könnt ihr einmal im alten Stile verreisen.

☐ Mit dem Auto quer durch Deutschland reisen

Wie gut kennt ihr eigentlich Deutschland? Nur wenige machen Urlaub in Deutschland. Dabei hat Deutschland viele wunderschöne Seiten. Mit einem Roadtrip quer durch Deutschland könnt ihr diese einmal kennenlernen.

☐ Per Erster Klasse in der Bahn fahren

In der Bahn Erste Klasse fahren ist für viele Luxus und erscheint unnötig. Gönnt euch den Spaß und kommt in die Vorteile der Ersten Klasse.

☐ Ein Sommer in Schweden verbringen

Der Sommer in Schweden ist wunderschön. Hier findet ihr noch unberührte Natur. Bucht euch eine einsame Hütte, genießt die Natur und lasst die Seele baumeln.

4. DIE BUCKET LIST

☐ Einen Tag am FFK-Strand verbringen

Nacktsein ist für viele unangenehm. Mit einem Besuch auf einem FKK-Strand könnt ihr eure Hemmungen überwinden. So merkt ihr, dass Nacktsein etwas vollkommen Normales ist.

☐ Eine Tour durch den Dschungel machen

Eine Dschungeltour ist aufregend und ihr werdet die Natur noch einmal von einer neuen Seite kennenlernen. Wilde Tiere und Pflanzen, die ihr zuvor noch nie gesehen habt.

☐ Die Route 66 entlang fahren

Die Route 66 steht für Freiheit, Zwanglosigkeit und Abenteuer. Sie führt von der Ost- zur Westküste Amerikas.

☐ Mit dem Cabrio eine Küstentour machen

Küstenstraße sind unglaublich schön. Sie führen meist über verschlungene Wege. Mit einem Cabrio könnt ihr die Freiheit spüren und das Meer und die Sonne im Gesicht spüren.

☐ Einen Urlaub auf einer einsamen Insel machen

Wer hat nicht schon einmal davon geträumt auf einer einsamen Insel zu sein? Lasst den Traum wahr werden und nehmt so wenig Equipment wie möglich mit.

4. DIE BUCKET LIST

☐ **Auf einem Hausboot übernachten**

Ein Hausboot ist quasi ein Haus auf dem Wasser. Ihr schlaft direkt auf dem Wasser und könnt die leichten Wellen während des Schlafens bemerken.

☐ **Eine Weltreise machen**

Wie wäre es mit einer Weltreise? Viele träumen von diesem Gedanken, doch setzen ihn nicht um. Aber warum eigentlich nicht? Plant eure Route und los gehts

☐ **Nachts losfahren und morgens in Paris frühstücken**

Die ganze Nacht durch fahren, während die Welt schläft und morgens in Paris ankommen und frühstücken gehen. Ein kleines Mini-Abenteuer, das sich an einem Tag erleben lässt.

☐ **Den Vatikan besichtigen**

Der Vatikan gehört zu den bedeutungsvollsten Gebäuden in Europa. Macht eine Reise nach Rom und macht einen Abstecher zum Vatikan. PS: Früh sein lohnt sich!

☐ **In die sixtinische Kapelle gehen**

Wenn ihr schon einmal beim Vatikan seid, dann besichtigt auch gleich die sixtinische Kapelle. Die Decke wurde von Michelangelo bemalt und gehört zu den berühmtesten Malereien der Kunstgeschichte.

4. DIE BUCKET LIST

☐ **Euch selbst eine Postkarte schicken**

Eine Postkarte im Urlaub zu verschicken ist etwas ganz Normales. Aber habt ihr euch selber schon einmal eine Postkarte geschickt? Schreibt eure schönsten Erfahrungen auf und lasst sie bei Ankunft der Postkarte noch einmal Revue passieren.

☐ **Einen spontanen Roadtrip machen**

Einfach mal spontan die Sachen packen, ins Auto steigen und losfahren. Der Weg ist das Ziel!

☐ **In einem Hotel eurer Stadt übernachten**

Habt ihr schon einmal in einem Hotel eurer Stadt übernachtet? Seid einmal Tourist in eurer eigenen Stadt! quartiert euch in ein schönes Hotel und genießt die Flucht aus dem Alltag.

☐ **An der Küste von Sylt spazieren gehen**

Sylt ist bekannt für seine Kreidefelsen. Wandert einmal die Küste entlang und staunt über die Schönheit der Natur.

☐ **Durch das Watt wandern**

Eine Wattwanderung ist eine schmierige Angelegenheit und macht mindestens genauso viel Spaß! Die Tour solltet ihr immer mit einem Führer machen, denn das Meer kann schneller zurückkehren, als man denkt.

4. DIE BUCKET LIST

Romantik

☐ **Einen romantischen Wellness-Tag machen**

Wann habt ihr euch das letzte Mal etwas wirklich Gutes getan? Bucht einen kompletten Wellness-Tag mit verschiedenen Anwendungen und lasst euch einmal richtig verwöhnen.

☐ **In die Therme gehen**

Ein Tag in der Therme kann wie Urlaub sein. Hier könnt ihr nicht nur ausgiebig schwimmen, sondern auch in die Sauna gehen und ausreichend entspannen.

☐ **Ein Candle-Light-Dinner machen**

Ein Candle-Light-Dinner ist sehr romantisch. Kerzenschein, gutes Essen, Wein und tiefgründige Gespräche.

☐ **Ein Kuss unter einem Mistelzweig**

Klischeehaft und trotzdem romantisch. Ein Kuss unter dem Mistelzweig ist eine altbewährte Weihnachtstradition. Tipp: Hängt den Mistelzweig dort auf, wo ihr euch oft befindet. Dann habt ihr häufiger Grund einfach mal zu knutschen!

☐ **Ein Kuss auf dem Eiffelturm**

Wenn ihr einmal in Paris seid, müsst ihr unbedingt auf den Eiffelturm gehen und die Aussicht genießen. Und wenn ihr schon einmal dort oben seid, darf natürlich auch ein Kuss nicht fehlen!

☐ Unterwasser küssen

Küsst euch doch einmal unter Wasser. Vielleicht schafft ihr es sogar ein Foto davon zu machen.

☐ Euch unter einem Wasserfall küssen

Unter einem Wasserfall zu stehen, ist ein tolles Gefühl. Verstärkt dieses Gefühl und küsst euch unter einem Wasserfall.

☐ Floating

Habt ihr schon einmal etwas von Floating gehört? Hier treibt ihr auf Salzwasser und kommt in das Gefühl von Schwerelosigkeit. Das sorgt für Entspannung und ein wahres Glücksgefühl.

☐ In ein Hamam gehen

Ein Hamam ist ein türkisches Bad, in dem ihr verschiedene Stationen durchlauft. Dazu gehören verschiedene Dampfbäder und ein ausgiebiges Peeling.

☐ Zu schnulzigen Liedern tanzen

Jeder kennt Lieder, die vor Romantik nur so triefen. Erstellt euch eine kleine Playlist, tanzt eng umschlungen zusammen in der Wohnung und schaut euch tief in die Augen.

4. DIE BUCKET LIST

☐ **Euch eine Stunde lang in die Augen schauen**

Habt ihr euch schon einmal für eine Stunde lang nur in die Augen geschaut? Das kann ein echtes Gefühl von Verbindung herstellen und ihr könnt einander tief in die Seele schauen.

☐ **Dem Anderen eine Massage geben**

Verwandelt euer Schlafzimmer in ein kleines Spa mit leiser Musik, Kerzen und duftenden Massageölen. Gebt euch eine wohltuende Massage und werdet komplett tiefenentspannt.

☐ **Ein Paar-Fotoshooting machen**

Ein Paar-Fotoshooting ist super lustig und ihr werdet viel zu lachen haben. Besonders tolle Aufnahmen entstehen, wenn ihr das Fotoshooting in der Natur macht.

☐ **Im Sommerregen tanzen und küssen**

Ein warmer Sommerregen ist sehr romantisch. Lauft nach draußen und tanzt barfuß im Regen, lacht und küsst euch.

☐ **Einen Heiratsantrag machen**

Zu den schönsten Momenten einer Beziehung gehört wohl der Heiratsantrag. Egal, ob Mann oder Frau diesen Schritt wagt - es wird ein unvergessliches Erlebnis. Der Fantasie sind hier keine Grenzen gesetzt. Hauptsache der Antrag passt zu euch als Paar.

☐ Heiraten

Nach dem Antrag folgt natürlich die Hochzeit. Groß oder klein… Wie wäre es mit einer Hochzeit im Ausland?

☐ Eine Familie gründen

Viele Paare erleben durch die Geburt eines Kindes eine ganz neue Art von Glück. Es entsteht eine unvergleichliche, bedingungslose Liebe. Kinder werden euer Leben bereichern und euch zeigen, worauf es im Leben wirklich ankommt.

☐ Euch gegenseitig einen Liebesbrief schreiben

Schreibt euch doch mal einen Liebesbrief. Früher wurden viele unvergessliche Liebesbriefe geschrieben und ihr könnt eure Liebe auf diese Art und Weise verewigen.

☐ Eine Nachricht mit Lippenstift auf den Spiegel schreiben

Dies ist häufig in Filmen zu sehen, doch habt ihr es schon einmal selbst gemacht? Hinterlasst eurem Liebsten eine Liebesbotschaft oder eine sexy Nachricht.

☐ Eine Liebesbotschaft in der Lunch-Box verstecken

Eine andere tolle Möglichkeit, um dem Partner seine Liebe zu zeigen. Es wird ihm ein Lächeln ins Gesicht zaubern, sobald er seine Lunch-Box öffnet.

4. DIE BUCKET LIST

☐ Ein Tattoo stechen lassen

Seid verrückt und lasst euch ein Tattoo stechen. Das muss nicht gleich immer der Name oder das Porträt des Partners sein. Vielleicht habt ihr ein Symbol oder ein Wort, das eure Liebe widerspiegelt.

☐ Euch gegenseitig ein Gedicht schreiben und vortragen

Schreibt doch beide einmal ein Gedicht und tragt es vor. Dies muss kein Liebesgedicht sein, sondern ihr könnt euren Gefühlen freien Lauf lassen und durch das Schreiben eure Gedanken mitteilen.

☐ Eure Initialen in den Sand schreiben

Wenn ihr am Strand seid, schreibt doch einmal eure Initialen in den Sand und zeigt, dass ihr dort gewesen seid. Macht ein Foto davon und packt es zu euren Erinnerungen.

☐ Ein Fotoalbum mit euren schönsten Erinnerungen gestalten

Mit einem Fotoalbum könnt ihr eure schönsten Erlebnisse festhalten und immer wieder anschauen. Auf dem Handy geraten die meisten Bilder in Vergessenheit, doch mit einem Fotoalbum könnt ihr regelmäßig in Erinnerungen schwelgen.

4. DIE BUCKET LIST

☐ Eine Weltkarte mit Stecknadel aufhängen

Hier könnt ihr alle Orte markieren, an denen ihr schon gewesen seid. Das wird euch dazu motivieren viele verschiedene Länder und Städte zu erkunden, um die Weltkarte immer weiter zu füllen.

☐ Riesenrad fahren

Auf einem Jahrmarkt mit dem Riesenrad fahren und Zuckerwatte essen. Ein Klischee, aber dennoch sehr romantisch.

☐ Eine Wahrsagerin besuchen

Ihr wollt wissen, wie eure Zukunft aussehen wird? Gönnt euch den Spaß und geht einmal zu einer Wahrsagerin. Was ihr am Ende mit dieser Zukunftsschau macht, bleibt euch überlassen.

☐ Einen Film im Autokino schauen

In einem Autokino noch einmal die Jugend erleben. Es ist ein ganz anderes Gefühl einen Film im Auto zu schauen. Ihr könnt es euch richtig gemütlich machen und euch eure eigenen Snacks mitbringen.

☐ Eine Stadtrundfahrt in der eigenen Stadt machen

Wie gut kennt ihr eigentlich eure eigene Stadt? Bucht eine Stadtrundfahrt oder macht alternativ eine Stadtführung und lernt die Geschichte eurer Stadt kennen.

4. DIE BUCKET LIST

☐ **Das Planetarium besuchen**

Ins Planetarium gehen und die Welt der Sterne entdecken. Das lädt zum Träumen ein.

☐ **Ein Open-Air Kino besuchen**

Schnappt euch eine Picknickdecke und vergesst nicht die Snacks und die Getränke. Dann macht ihr es euch so richtig gemütlich und kuschelt euch ein.

☐ **An einem Speed-Dating teilnehmen**

Nehmt doch einmal aus Spaß an einem Speeddating teil. Natürlich geht ihr am Ende zusammen nach Hause.

☐ **Eng umschlungen in einem Salsa-Club tanzen**

Salsa ist sexy und ein Ausdruck von Liebe und Leidenschaft. Besucht einmal einen Salsa-Club und lasst euch von der Stimmung mitreißen.

☐ **Auf das Oktoberfest gehen**

Das Oktoberfest ist das Fest in München. Schnappt euch Lederhose und Dirndl und verliert euch im Trubel. Natürlich gehört auch die obligatorische Maß dazu.

4. DIE BUCKET LIST

☐ **Einen ganzen Tag im Bett verbringen**

Den ganzen Tag Filme schauen, quatschen, lecker essen, rumknutschen, Sex... Alles was Spaß macht, ist erlaubt.

☐ **Euer erstes Date nachstellen**

Erlebt einmal euer erstes Date neu und macht alles genauso wie zum ersten Mal. Vielleicht wisst ihr sogar noch, welche Kleidung ihr getragen habt? Das lässt alte Gefühle wieder aufflammen.

☐ **In einen Jazzclub gehen**

Ein Jazzclub hat eine ganz spezielle Atmosphäre und hat etwas von der guten alten Zeit. Macht euch schick und genießt die Lebensfreude.

☐ **Ein Wochenende in einer Hotel-Suite buchen**

Eine Hotelsuite ist besonders luxuriös und lädt zu romantischen Stunden ein. Gönnt euch den Luxus und fühlt euch wie die Könige der Welt.

☐ **Euch gegenseitig einen Ring schmieden**

Sich gegenseitig ein Schmuckstück zu schmieden, ist eine ganz besondere Erfahrung. Ihr könnt die Ringe nach euren Vorstellungen gestalten und sie werden euch immer aneinander erinnern.

4. DIE BUCKET LIST

☐ Die Orte eurer Kindheit besuchen

Nehmt euren Partner mit in eure Kindheit. Ihr könnt beispielsweise euren Geburtsort, eure alte Schule oder das Haus, in dem ihr aufgewachsen seid, besuchen.

☐ In einer Karaokebar singen

Sich einmal richtig blamieren und Karaoke in einer Bar singen. Peinliche Momente schweißen ein Paar zusammen und ihr werdet noch lange danach darüber lachen können.

☐ In ein Casino gehen

Brezelt euch richtig auf und geht ins Casino. Ihr müsst nicht zwangsläufig spielen, sondern könnt auch einfach nur die Atmosphäre dort genießen.

☐ Auf einem Flohmarkt schlendern

Einen Flohmarkt besuchen und alte Schätze finden. Stöbert durch die verschiedenen Sachen und vielleicht findet ihr etwas, das sich perfekt für eure Wohnung eignet.

☐ Auf einem Wochenmarkt einkaufen gehen

Geht doch einmal auf einen Wochenmarkt und kauft alle Zutaten ein, die ihr für ein leckeres und romantisches Abendessen braucht.

4. DIE BUCKET LIST

☐ **Auf ein Doppel-Date gehen**

Ein Doppel-Date mit einem anderen Paar ist sehr lustig. Ihr könnt beispielsweise in einem Restaurant essen gehen oder einen Spieleabend machen.

☐ **Ein Lagerfeuer machen und Stockbrot essen**

Ein Lagerfeuer erzeugt eine ganz besondere Stimmung. Es wird ganz still und tiefgründige Gespräche können entstehen. Natürlich darf das Stockbrot dabei nicht fehlen.

☐ **In einem Eishotel übernachten**

Ein Hotel, das komplett aus Eis besteht. Eine vollkommen neue Erfahrung. Kuschelt euch in dicke Mäntel und bucht dieses tolle Erlebnis. PS: Länger als eine Nacht solltet ihr dort nicht übernachten.

☐ **Euch ein festes Date nur für Sex setzen**

Ein Date, dessen einziger Zweck ist, Sex zu haben? Ohja! Allein der Gedanke an das Date wird euch in Stimmung versetzen.

☐ **Ein Liebesschloss an einer Brücke anbringen**

Ein sehr beliebter Liebesbeweis für Paare. Ihr könnt das Schloss mit euren Namen oder Initialen gravieren. Der Schlüssel wird weggeworfen. Denn eure Liebe ist unzertrennbar.

☐ Zwei Stunden ununterbrochen knutschen

Einfach mal nur rumknutschen. Nehmt euch Zeit für euch und knutscht wie Teenager stundenlang rum. Für viele Paare ist das eine ganz neue Erfahrung.

☐ Slowsex ausprobieren

Beim Slowsex verläuft alles in Zeitlupe. Jede Bewegung, die ihr macht passiert langsam und bewusst. Ein Orgasmus ist nicht das Ziel, sondern die tiefe Verbundenheit.

☐ Auf eine Erotik-Messe gehen

Ein Besuch auf der Erotikmesse kann eure Fantasie anregen und euch dazu ermuntern einmal neue Dinge auszuprobieren.

☐ Ein neues Sexspielzeug ausprobieren

Ein Sexspielzeug kann wieder Schwung in das Liebesleben bringen. Für welches Sextoy ihr euch entscheidet, bleibt euch überlassen.

☐ Sex im Auto

Sex im Auto ist unbequem? Ja vielleicht. Aber es ist trotzdem eine lustige Erfahrung, an die ihr euch gerne erinnern werdet. Sucht euch einen abgelegenen Ort und los gehts.

4. DIE BUCKET LIST

☐ Sex am Strand

Sex am Strand ist für viele eine romantische Vorstellung. Der Sand unter dem Körper, die rauschenden Wellen…. Wichtig ist, dass ihr wirklich ungestört seid, um die Stimmung nicht zu vermiesen.

☐ Auf einem französischen Weingut übernachten

Ein französisches Weingut ist Romantik pur. Genießt die Idylle bei einem schönen Glas Wein.

☐ So viel wie ihr möchtet beim Romm Service bestellen

Einmal über die Strenge schlagen und alles auf der Karte bestellen, was ihr euch wünscht!

☐ Eine Nacht lang Sex haben

Habt eine ganze Nacht lang Sex und versinkt komplett in eurem Liebesspiel.

☐ Mit einem Glas Wein über das Leben philosophieren

Setzt euch einmal bewusst zusammen, trinkt ein Glas Wein und philosophiert über das Leben. Das wird eure Beziehung auf ein neues Level heben und neue Sichtweisen eröffnen.

4. DIE BUCKET LIST

☐ Euch mit Farbe anmalen und Sex auf einem weißen Plakat haben

Ihr werdet erstaunt sein, welche lustigen Figuren dabei herauskommen!

☐ Ein Sexvideo drehen

Für die Mutigen: Dreht doch einmal euer eigenes Sexvideo. Das kann die Stimmung noch einmal zusätzlich anheizen.

☐ Euch gegenseitig sexy Bilder schicken

Schickt euch anzügliche Bilder und steigert so die Vorfreude auf das Wiedersehen, das garantiert im Bett stattfinden wird!

☐ Einen Tag nackt verbringen

Einen ganzen Tag lang nackt zu verbringen, kann eine große Herausforderung, aber auch sehr sexy sein. Achtet darauf, dass eure Wohnung gut aufgeheizt ist, damit ihr nicht friert.

☐ Im Bett frühstücken

Frühstück im Bett ist sehr romantisch. Ihr könnt die Zeit nutzen, um miteinander zu reden und einfach nur eure Zweisamkeit zu genießen.

4. DIE BUCKET LIST

☐ **Gemeinsam Dessous kaufen**

Geht doch einmal zusammen Dessous kaufen und zeigt euch eure verschiedenen Geschmäcker. Abends wird das neue Modell dann natürlich noch einmal vorgeführt!

☐ **Die Wohnung mit Rosenblättern dekorieren**

Gestaltet euch Zuhause eure eigene Liebesoase und verstreut Rosenblätter in der Wohnung. Das sorgt für die nötige Portion Romantik.

☐ **Euch gegenseitig aus Romeo und Julia vorlesen**

Gibt es ein romantischeres Buch als Romeo und Julia? Erfahrt diese wunderbare Liebesgeschichte und lest euch gegenseitig aus dem Buch vor.

☐ **Das Lieblingsbuch des Anderen lesen**

Ein echter Liebesbeweis! Auch wenn das Buch vielleicht nicht zu eurem Genre gehört - es wird eurem Partner viel bedeuten.

☐ **Dem Anderen ohne Anlass etwas schenken**

Es braucht nicht immer Geburtstage oder Weihnachten, um dem Anderen eine Freude zu machen. Oft wird das Geschenk sogar viel mehr wertgeschätzt, wenn es ohne konkreten Anlass verschenkt wird.

4. DIE BUCKET LIST

☐ **Euch gegenseitig einen Wunsch erfüllen**

Gibt es etwas, das sich dein Partner schon lange wünscht sich aber nie erfüllt hat? Dann ist es jetzt Zeit, ihm diesen Wunsch zu erfüllen!

☐ **Dem Anderen eine Überraschung bereiten**

Mache deinem Partner mal wieder eine Überraschung. Das können Blumen, ein selbstgekochtes Essen oder ein kleiner Ausflug sein.

☐ **Einen Filmmarathon machen**

Einmal den ganzen Tag faulenzen und nichts weiteres tun außer Filme oder Serien schauen. Macht es euch kuschelig und genießt die Zeit.

☐ **Eine Liste mit Gründen „Warum ich dich liebe" erstellen**

Das ist eine gute Möglichkeit, um sich selbst einmal darüber im Klaren zu werden, was der Andere für euch bedeutet und warum ihr euch damals in ihn verliebt habt.

☐ **Ein Beziehungstagebuch führen**

Schreibt zusammen an einem Beziehungstagebuch und haltet dort eure Gedanken und Gefühle fest. Das gibt euch die Möglichkeit eure Beziehung zu reflektieren und miteinander zu wachsen.

4. DIE BUCKET LIST

☐ **Einen Sundowner auf der Fensterbank genießen**

Sonnenuntergänge sind etwas Schönes. Noch schöner ist es den Sonnenuntergang bei einem Sundowner auf der Fensterbank zu genießen.

☐ **Eine Paarmassage buchen**

Bei der Paarmassage könnt ihr gemeinsam einmal abschalten und euch so richtig verwöhnen lassen.

☐ **Sich gegenseitig in drei Worten beschreiben**

Wie würdest du deinen Partner beschreiben, wenn du nur drei Worte zur Verfügung hast?

☐ **Sich neue Kosenamen überlegen**

Ihr wollt ausgefallene Kosenamen füreinander haben und euch nicht nur „Schatz" nennen. Jetzt ist Zeit dafür!

☐ **Eine ganze Nacht wach bleiben**

Bleibt eine ganze Nacht zusammen wach und macht, worauf ihr Lust habt. Ihr könnt euch unterhalten, Spiele spielen, Filme schauen, usw. Alles ist erlaubt.

☐ **Dem Anderen unangenehme Aufgaben abnehmen**

Wir alle haben Aufgaben, die wir nicht gerne machen. bereite deinem Partner eine Freude und nimm ihm eine unangenehme Aufgabe ab.

4. DIE BUCKET LIST

☐ **Ein besonderes Date an einem Jahrestag machen**

Der Jahrestag ist etwas Besonderes. Feiert eure Liebe ausgiebig und seid dankbar dafür, dass ihr einander habt.

☐ **Den Partner spontan von der Arbeit abholen und mit einem Restaurantbesuch überraschen**

Kleine Überraschungen im Alltag halten die Liebe frisch und lassen euch aus dem Alltag fliehen.

☐ **Auf einen gemeinsamen Traum sparen**

Welchen großen Traum hegt ihr zusammen? Das kann ein Haus sein, ein Urlaub oder etwas Materielles. Wichtig ist, dass es euer beider Traum ist, auf den ihr hinarbeiten könnt.

☐ **Beim Sex das Fenster offen lassen**

Das Fenster beim Sex offen zu lassen sorgt für zusätzlichen Nervenkitzel. Schließlich könnte euch jemand hören...

☐ **Eine neue Sexstellung ausprobieren**

Oft schleicht sich beim Sex ein gewisser Ablauf ein und wir probieren wenig Neues aus. Zeit das zu ändern!

4. DIE BUCKET LIST

☐ **Einen festen Date-Tag bestimmen und einhalten**

Sucht euch einen Abend in der Woche aus, der nur euch gehört. Das stärkt die Beziehung zueinander und ihr könnt euch jede Woche erneut aufeinander freuen.

☐ **Den Anderen gesund pflegen**

Jeder wird mal krank. Zeigt eure Liebe, indem ihr euren Partner wieder gesund pflegt und euch um ihn kümmert.

☐ **Im Wohnzimmer auf einer Luftmatratze übernachten**

Das ist eine gute Möglichkeit, um eure gewöhnlichen Muster zu durchbrechen. Baut euch eure kleine Schlafecke im Wohnzimmer und macht einfach mal was Neues.

☐ **Über eure Fantasien sprechen**

Jeder von uns hat sexuelle Fantasien. Doch nur selten trauen wir uns, sie auch unserem Partner mitzuteilen. Die Fantasien können sich jedoch nur erfüllen, wenn wir sie dem Anderen auch mitteilen.

☐ **Zusammen einen Porno schauen**

Sucht euch einen Porno aus, der euch beiden gefällt und lasst euch inspirieren.

4. DIE BUCKET LIST

☐ **Über einen Dreier sprechen**

Wie wäre wohl ein Dreier? Sucht euch aus Spaß einmal einen potentiellen dritten Part aus. Ob ihr dem Ganzen nachgebt oder euch doch lieber alleine vergnügt, bleibt euch überlassen.

☐ **Ein Rollenspiel machen**

Ein Rollenspiel kann das Liebesleben wieder einheizen. Sucht euch ein Thema und Figuren aus und lernt euch einmal von einer neuen Seite kennen.

☐ **Dem Anderen Kaffee ans Bett bringen**

Überrasche deinen Partner doch mal mit einer Tasse frischen Kaffee im Bett. Damit wirst du deinem Partner den Start in den Tag versüßen.

☐ **Versöhnungssex nach einem Streit**

Auch Streit gehört zu einer Beziehung dazu. Viel schöner ist doch aber der Versöhnungssex danach.

☐ **Sex in der Dusche oder in der Badewanne**

Wenn ihr das nächste Mal duschen müsst, dann springt doch einfach zusammen unter die Dusche. Ob man dadurch wirklich Wasser spart, ist fraglich… Oder ihr nehmt ein schönes Schaumbad zusammen.

☐ Euch eure intimsten Geheimnisse erzählen

Gibt es Geheimnisse, die ihr noch nicht voneinander kennt? Weihe deinen Partner ein und schafft so ein weiteres Stück Verbundenheit.

☐ Den Partner verführen

Verführe deinen Partner einmal nach der alten Schule. Jeder von uns träumt davon, verführt zu werden.

☐ Sex im Wald

Ihr seid auf einem Spaziergang im Wald? Sucht euch eine abgelegene Stelle und spürt den Nervenkitzel.

☐ Nachts nackt baden gehen

Nachts an einem einsamen See… Seid spontan, entledigt euch eurer Kleider und springt in das kühle Nass.

☐ Zusammen auf ein Date gehen und so tun, als würdet ihr euch nicht kennen

Lernt euch nochmal von vorne kennen und erlebt ein typisches erstes Date zusammen. Oder ihr sprecht euch in einer Bar an und gebt vor, dass ihr euch einander aufreißt.

☐ Einen Lap dance füreinander machen

You can leave your hat on! Lachen ist ausdrücklich erlaubt.

4. DIE BUCKET LIST

☐ Einen Stern kaufen und nach euch benennen

Es gibt die Möglichkeit einen Stern online zu kaufen und diesem einen Namen zu geben. Dieser Stern strahlt nur für euch!

☐ Ein gemeinsames Vision Board erstellen

Auf einem Vision Board könnt ihr eure Ziele für euer gemeinsames Leben visuell mit Bildern darstellen. Stellt euch das Vision Board in die Wohnung, sodass ihr es immer sehen könnt.

Action

☐ Wasserski fahren

Lasst euch hinter einem Boot auf Skiern hinterher ziehen. Es ist gar nicht so einfach, wie es aussieht.

☐ Jetski fahren

Mietet euch ein Jetski und macht die Wellen unsicher. Jetski fahren sorgt für einen hohen Adrenalinschub.

☐ Mit einem Personal Trainer trainieren

Bucht euch einfach mal eine Stunde mit einem Personal Trainer und powert euch so richtig aus.

4. DIE BUCKET LIST

☐ **Wildwasser Rafting**

Wildwasser Rafting ist wahre Action. Ihr fahrt durch wilde Gewässer und an Wasserfällen herunter.

☐ **Mit einem Kanu fahren**

Schnappt euch ein Kanu und paddelt auf einem See oder einem Fluss entlang. Besonders empfehlenswert sind Seen mit Bergpanorama.

☐ **In einen Jump-Park fahren**

Hier könnt ihr euch so einmal richtig auspowern und wild herumtoben.

☐ **In einem Hochseilgarten klettern gehen**

In einem Hochseilgarten müsst ihr verschiedene Höhen und Hindernisse meistern. Unterstützt euch gegenseitig und fördert damit eure Beziehung.

☐ **Houserunning**

Beim Houserunning lauft ihr ein Hochhaus hinunter. Höhenangst ist hier fehl am Platz!

☐ **Bodyflying**

Überwindet die Schwerkraft und erfahrt einmal das Gefühl des Fliegens.

4. DIE BUCKET LIST

☐ **Einen Bungee-Sprung machen**

Ihr könnt entweder einzeln oder zusammen als Tandem springen. Dabei seid ihr beide am gleichen Seil festgemacht, sodass ihr die Erfahrung gemeinsam machen könnt.

☐ **Einen Fallschirmsprung machen**

Stürzt euch aus einem Flugzeug und verliert euch im freien Fall. Ein unbeschreibliches Gefühl. Haltet den Fallschirmsprung per Video fest, sodass ihr euch immer daran zurückerinnern könnt.

☐ **Beim Paragliding in Höhen schweben**

Beim Gleitschirmflug könnt ihr durch die Höhen schweben und das wunderschöne Panorama der Natur genießen.

☐ **Zusammen Kart fahren**

Lust auf eine wilde Fahrt? Treten in einen Wettkampf und fahrt ein Kart-Rennen gegeneinander.

☐ **Die wildeste Achterbahn fahren**

Sucht euch die wildeste Achterbahn aus und dreht zusammen eine Runde. Oder Mehrere.

4. DIE BUCKET LIST

☐ **Auf einer Banane durch die Wellen reiten**

Setzt euch auf ein Bananenboot und düst durch die Wellen.

☐ **Mit einem Quad fahren**

Am meisten Spaß macht das Quad fahren im unebenen Geländer oder auf Sanddünen.

☐ **Eine Sommerrodelbahn herunterfahren**

Rodelt gemeinsam die Bahn hinunter und fühlt euch noch einmal wie ein Kind.

☐ **Auf einer Rennbahn fahren**

Einmal ein echter Rennfahrer sein. Sucht euch eine Rennbahn und dreht dort eure Runden wie ein echter Profi.

☐ **Eine Rallye mit dem Auto machen**

Bei einer Auto Rallye tretet ihr gegen andere Mitbewerber an, was den Nervenkitze erhöht. Ihr könnt entweder an einer Amateur-Rallye oder eure eigene kleine Rallye mit Freunden starten. Natürlich immer unter den Vorgaben der Verkehrsordnung.

4. DIE BUCKET LIST

☐ **In einem Heißluftballon fahren**

Mit dem Heißluftballon fahren ist nicht nur aufregend, sondern auch sehr romantisch. Ihr könnt beispielsweise ein kleines Picknick in der Luft machen.

☐ **Einen Helikopter-Flug machen**

Mit einem Helikopter-Flug könnt ihr einmal die Welt von oben betrachten.

☐ **Mit einem Segway fahren**

Bucht euch eine Segway-Tour und düst durch die Gegend. Hier ist ein gewisses Körpergefühl gefragt.

☐ **Eine Höhlenwanderung machen**

Wie sieht eine Höhle eigentlich von innen aus? Findet es heraus und macht eine kleine Höhlenwanderung, beispielsweise in einer Salzgrotte.

☐ **Bogen schießen**

Bogen schießen macht nicht nur Spaß, sondern ist für den Kopf und den Körper sehr herausfordernd.

☐ **Kitesurfen**

Surfen einmal anders. Lasst euch vom Wind treiben und surft durch die Wellen.

4. DIE BUCKET LIST

☐ **Squash spielen**

Squash ist eine sehr schnelle Sportart, die sehr anstrengend ist. Hier könnt ihr euch so richtig auspowern.

☐ **Tennis spielen**

Spielt einmal Tennis zusammen. Ihr könnt auch gegen ein anderes Paar im Doppel antreten.

☐ **Auf einem Bullen reiten**

Auf vielen Jahrmärkten findet ihr mechanische Bullen, auf denen ihr reiten könnt. Der Spaßfaktor ist garantiert.

☐ **Autoscooter fahren**

Noch einmal jung sein und zusammen Autoscooter fahren. Fahrt romantisch zusammen oder tretet gegeneinander an.

☐ **Einen Freizeitpark besuchen**

Freizeitparks haben viel zu bieten und es gibt immer was zu entdecken. Fahrt so lange Achterbahn bis euch schlecht ist und gönnt euch danach ein Eis.

4. DIE BUCKET LIST

Natur

☐ **Einen Segeltörn machen**

Macht einen romantischen Segeltörn und erfahrt die Weiten des Meeres. Es gibt auch Angebote, die ein romantisches Dinner enthalten.

☐ **In einem Baumhaus übernachten**

Der Natur ganz nahe sein. Das ist möglich mit einer Übernachtung im Baumhaus. Dabei könnt ihr den Geräuschen der Natur lauschen.

☐ **In einem Iglu übernachten**

Ein Iglu ist quasi ein Zelt aus Eis. Mummelt euch dick ein und stürzt euch in das Abenteuer.

☐ **Eine Weinwanderung machen**

Eine Weinwanderung durch die Weinberge ist sehr romantisch. Ihr könnt verschiedene Weine probieren und dabei die Idylle genießen.

☐ **Auf einer Wiese Blumen pflücken**

Pflückt euch euren ganz individuellen Blumenstrauß aus Wildblumen. Ihr könnt auch eine Challenge daraus machen: Wer den schönsten und größten Blumenstrauß pflückt, gewinnt.

4. DIE BUCKET LIST

☐ **Einen Gipfel erklimmen**

Auf einen Berg zu steigen und den Gipfel zu erklimmen, ist ein tolles Gefühl. Unterstützt euch gegenseitig und zeigt euch, dass ihr euch aufeinander verlassen könnt.

☐ **Einen Vulkan besteigen**

Einen aktiven Vulkan zu besteigen, ist sehr aufregend und eine komplett andere Erfahrung als einen Berg zu erklimmen.

☐ **Pilze im Wald sammeln**

Macht euch auf die Suche nach Pilzen und macht daraus ein leckeres Abendessen. Informiert euch vorher, welche Pilze essbar sind.

☐ **Erdbeeren auf einem Feld pflücken**

Wenn ihr eure Erdbeeren auf einem Feld pflückt, bekommt ihr eine viel bessere Verbindung zur Natur. Gleichzeitig macht es unheimlich viel Spaß. Backt daraus eine leckere Erdbeertorte und versucht euch an eurer eigenen Marmelade.

☐ **Die Wolken beobachten**

Legt euch auf eine Wiese und lasst die Wolken vorbeiziehen. Das verschafft euch ein friedvolles Gefühl und ihr könnt den Alltagsstress vergessen.

4. DIE BUCKET LIST

☐ **Nach Sternschnuppen suchen**

Es gibt immer wieder Tage, an denen es vor Sternschnuppen nur so regnet. Macht es euch gemütlich und haltet nach ihnen Ausschau. Wer eine sieht, darf sich was wünschen.

☐ **Die Nordlichter anschauen**

Eines der schönsten Naturspektakel sind die Nordlichter. Macht euch auf den Weg nach Norwegen und werdet Teil dieses geheimnisvollen Spektakels.

☐ **Unter freiem Himmel übernachten**

Übernachtet doch einmal im Freien. Das verschafft euch ein Gefühl von Freiheit. Wer sich dies nicht in der freien Natur traut, kann auch im eigenen Garten anfangen.

☐ **Gemeinsam Campen gehen**

Jeder sollte einmal ein Campingtrip machen. Dabei lernt ihr mit wenigen Dingen auszukommen und werdet bemerken, wie wenig man eigentlich zum Leben braucht.

☐ **Eine Fahrradtour durch eure Stadt machen**

Erkundet eure Stadt mit dem Fahrrad. Plant eure Route zuvor, damit ihr alle wichtigen Stationen abdecken könnt. Viele Städte haben auch eine festgelegte Rundtour, die man abfahren kann.

4. DIE BUCKET LIST

☐ Auf einer Wiese picknicken

Packt einen Korb mit euren liebsten Leckereien und sucht euch eine schöne abgelegene Wiese um zu picknicken.

☐ Im Garten eigenes Obst und Gemüse anpflanzen

Pflanzt in eurem Garten euer eigenes Gemüse an und verarbeitet es anschließend zu leckeren Gerichten. Wer weiß, vielleicht steckt ein kleiner Gärtner in euch.

☐ In einem Strandkorb übernachten

An der Nordseeküste habt ihr die Möglichkeit in einem Strandkorb zu übernachten. Ihr könnt die ganze Nacht den Wellen lauschen und einen wunderschönen Abendspaziergang am Strand machen.

☐ Barfuß über eine Wiese laufen

Seid ihr schon einmal barfuß über eine Wiese gelaufen? Dann wird es höchste Zeit! Das Gefühl von weichem Gras unter den Füßen wird euch erden.

☐ Stand-up-Paddling

Mietet euch ein Stand-up-Paddle und macht einen See oder Fluss unsicher. Hier bedarf es einer Menge Balance. Es gibt zudem extra große Bretter, auf denen ihr ein kleines Picknick machen könnt.

4. DIE BUCKET LIST

☐ **Eine Nachtwanderung machen**

Eine Nachtwanderung ist sehr aufregend. Vielleicht traut ihr euch sogar in den Wald oder auf den Friedhof?

☐ **Den Jakobsweg wandern**

Der Jakobsweg ist rund 800 km lang. Ihr müsst nicht unbedingt den ganzen Weg wandern, sondern könnt euch beispielsweise eine kleinere Route raussuchen.

☐ **Auf einem Feld einen Drachen steigen lassen**

Noch einmal die Kindheit aufleben lassen und einen Drachen auf einem Stoppelfeld steigen lassen. Es gibt sogenannte Lenkdrachen, die besonders viel Spaß machen und einiges an Geschick benötigen.

☐ **Durch ein Kornfeld laufen**

Ein Bett im Kornfeld, das ist immer frei…. Ihr müsst nicht direkt in einem Kornfeld schlafen, aber durchlaufen solltet ihr unbedingt!

☐ **Auf Heuballen klettern**

Wenn in eurer Nähe Heu gemacht wird, dann nutzt die Gelegenheit und klettert auf die Heuballen. Springt von einem Heuballen zum Nächsten und habt so richtig Spaß.

4. DIE BUCKET LIST

☐ Einen Baum pflanzen

Pflanzt einen Baum in eurem Garten und seht ihm beim Wachsen zu. Er wird euch immer an eure Liebe erinnern. Aus einem zarten Pflänzchen wird ein starker Baum.

☐ Im Auto übernachten

Wie wäre es, wenn ihr auf eurem Roadtrip nicht im Hotel übernachtet, sondern einfach in eurem Auto? Das ist viel mehr Abenteuer und ihr könnt euch nahezu überall hinstellen.

☐ Eine Sandburg bauen

Liefert euch ein Battle und baut eine Riesenburg aus Sand, um die euch andere beneiden werden.

☐ Einen Baum umarmen

Dadurch könnt ihr wieder eine Verbundenheit mit der Natur aufbauen. Gleichzeitig setzt es Glücksgefühle frei.

☐ In eine Pfütze springen

Anstatt das nächste Mal einen Bogen um die Pfütze zu machen, springt einfach hinein und plantscht rum. Es sind die kleinen Dinge im Leben, die Freude verschaffen.

4. DIE BUCKET LIST

☐ **Eine Schlammschlacht machen**

Ihr wollt es noch eine Spur extremer? Dann liefert euch eine wahre Schlammschlacht. Anschließend dürft ihr gemeinsam duschen gehen,

☐ **In einem Tipi übernachten**

Anstatt in einem normalen Zelt zu übernachten, schlaft doch einmal in einem Tipi. Dadurch könnt ihr in eine andere Kultur eintauchen.

☐ **In einem Leuchtturm übernachten**

Man kann in einem Leuchtturm übernachten? Ja, das ist möglich! Und zwar auf den nordfriesischen Inseln.

☐ **Ein vierblättriges Kleeblatt suchen und finden**

Macht euch gemeinsam auf die Suche nach einem vierblättrigen Kleeblatt. Anschließend könnt ihr es trocknen und aufbewahren.

☐ **Im Frühling durch eine Allee laufen**

Alles fängt an zu blühen und erscheint plötzlich so grün. In einer Allee wird dieser Eindruck noch einmal verschärft. Vielleicht findet ihr sogar eine Kirschblüten-Allee.

4. DIE BUCKET LIST

☐ Silvester an einem einsamen Ort verbringen

Silvester mal keine große Party feiern, sondern an einem ganz abgeschiedenen Ort verbringen. Hier könnt ihr richtig abschalten und den Beginn des neuen Jahres richtig genießen.

☐ Auf einem Bauernhof übernachten

Übernachtet doch einmal auf einem Bauernhof. Bauernhöfe versprühen einen ganz besonderen Charme. Zudem könnt ihr viele verschiedene Tiere streicheln und den Beruf des Landwirts kennenlernen.

☐ Eine Kuh melken

Wenn ihr schon auf einem Bauernhof seid: Dann melkt doch einmal eine Kuh. Auf vielen Bauernhöfen ist das möglich. Und es ist gar nicht so einfach, wie es aussieht!

☐ Mit Alpakas wandern gehen

Alpakas erfreuen sich immer größerer Beliebtheit. Es sind sehr ruhige und liebe Wesen, mit denen man ganz entspannt spazieren gehen kann. Alternativ könnt ihr auch eine Wanderung mit Eseln oder Lamas machen.

☐ Eine Huskey-Schlittenfahrt machen

Eine Huskey-Schlittenfahrt ist sowohl im Sommer als auch im Winter möglich. Wer es ganz romantisch mag, entscheidet sich für die Winter-Variante.

4. DIE BUCKET LIST

☐ In einer Kutsche fahren

Eine Kutschfahrt ist sehr romantisch. Macht die Fahrt am besten in der Natur und nicht in der Stadt. Das ist nicht nur tierfreundlicher, sondern auch romantischer.

☐ Gemeinsam am Strand reiten

Mit einem Pferd in den Sonnenuntergang reiten und den Wind in den Haaren spüren. Ein ganz besonderes Erlebnis für Paare.

☐ Den Sonnenaufgang beobachten

Steht morgens ganz früh auf und schaut euch den Sonnenaufgang auf. Denn auch dieser ist wunderschön und bedarf mehr Beachtung. Er läutet den Beginn eines neuen Tages und damit vieler neuer Möglichkeiten ein.

☐ Den Sonnenuntergang beobachten

Schaut euch zusammen den Sonnenuntergang ein und genießt die Ruhe.

☐ Mit Delfinen schwimmen

In vielen Urlaubsländern habt ihr die Möglichkeit mit Delfinen zu schwimmen. Teilt diese besondere Erfahrung miteinander.

4. DIE BUCKET LIST

☐ **Mit Schweinen schwimmen**

Auf dem Bahamas könnt ihr mit Schweinen schwimmen. Es handelt sich dabei um Wildschweine, die das Wasser genauso lieben wie ihr.

☐ **Vögel beobachten**

Habt ihr schon einmal Vögel beobachtet? Vögel sind sehr interessante Wesen. Schnappt euch ein Fernglas und macht euch auf den Weg in den Wald.

☐ **Insekten essen**

Insekten essen löst bei vielen Menschen Ekel aus. Überwindet diesen Ekel und probiert es einmal aus. Ein Pluspunkt: Insekten enthalten sehr viel Eiweiß!

☐ **Im Toten Meer baden**

Das Tote Meer bei Israel hat einen extrem hohen Salzgehalt. Dadurch könnt ihr euch einfach auf dem Wasser treiben und die Seele baumeln lassen.

☐ **Im Roten Meer tauchen**

Das Rote Meer ist sehr artenreiche und man findet dort viele wunderschöne Korallen. Schaut euch die Unterwasserwelt einmal genauer an und kommt aus dem Staunen nicht mehr heraus.

4. DIE BUCKET LIST

☐ **Ein Haus am See mieten**

Mietet euch ein Haus am See. Ihr könnt abends ein schönes Lagerfeuer machen und morgens zur Erfrischung in das kühle Nass springen.

☐ **Yoga auf einem Steg machen**

Yoga kann auch in der Natur stattfinden. Tatsächlich kann es den Entspannungseffekt sogar noch erhöhen. Rollt eure Matte das nächste Mal also an einem See aus.

☐ **Von einer Klippe springen**

Klippenspringen ist ein unheimlicher Nervenkitzel und kostet einige Überwindung. Nehmt euch an die Hand und springt gemeinsam. Bitte nur an sicheren Stellen von der Klippe springen!

☐ **Zusammen Angeln gehen**

Macht einen gemeinsamen Angel-Trip und fangt einen Fisch. Diesen könnt ihr anschließend grillen und essen.

☐ **Eine Nacktwanderung machen**

Eine Wanderung? Nackt? Ohja! Ihr tragt nichts weiter als euren Rucksack und eure Schuhe. Dies kostet einiges An Überwindung, ist aber mit einem herrlichen Freiheitsgefühl verbunden. Informiert euch vorher, wo dies erlaubt ist, um keinen Ärger zu riskieren.

4. DIE BUCKET LIST

☐ **Am Strand übernachten**

Am Strand unter freiem Sternenhimmel zu übernachten ist unglaublich romantisch. Achtet bei Bedarf auf die Ebbe- und Flutzeiten, damit ihr nachts nicht plötzlich überrascht werdet.

☐ **Eine Sanddüne runterrutschen**

Schnappt euch ein Bord und düst eine Sanddüne runter. Ähnlich wie Schlittenfahren, nur anders. Und es macht eine Menge Spaß!

☐ **Eine Laubschlacht machen**

Im Herbst ist der ganze Boden voller Laub. Nutzt die Gelegenheit und macht eine wilde Laubschlacht.

☐ **In den Sonnenaufgang spazieren**

Steht morgens ganz früh auf und mach euch auf den Weg. Ihr könnt der Sonne beim Aufgehen zusehen und der Natur ganz nahe sein.

☐ **Den Sonnenaufgang auf einem Gipfel erleben**

Die Steigerung ist ein Sonnenaufgang auf einem Gipfel zu erleben. Hier steigt ihr schon ganz früh auf den Berg, um das Spektakel mitzuerleben. Die Tour solltet ihr am besten mit einem Führer machen, da der Aufstieg im Dunkeln stattfindet.

4. DIE BUCKET LIST

☐ **Eine Flusswanderung machen**

Bei einer Flusswanderung hüpft ihr von einem Stein zum Nächsten, um den Fluss zu durchwandern. Das ist eine rutschige Angelegenheit und wird euch auf jeden Fall zusammenschweißen.

☐ **Nachts durch den Wald laufen**

Nachts durch den Wald zu laufen, ist unglaublich aufregend. Wenn ihr euch fürchtet, könnt ihr euch aneinander festhalten und euch gegenseitig Mut zusprechen.

Spiel & Spaß

☐ **Euch mit einer Polaroid Kamera fotografieren**

Kennt ihr noch die guten alten Polaroid Kameras? Schnappt euch eine Kamera und fotografiert wild drauf los. Der Vorteil: Ihr könnt nicht beliebig viele Fotos machen bis euch eines perfekt erscheint. Dadurch können viele unvergessliche Schnappschüsse entstehen, die euch zum Lachen bringen.

☐ **Mit einem Oldtimer fahren**

Einen Oldtimer zu fahren, versetzt euch in eine alte Zeit zurück. Ihr könnt einen Oldtimer ganz einfach mieten und damit die Stadt unsicher machen.

4. DIE BUCKET LIST

☐ **Paintball spielen**

Beim Paintball schießt ihr euch mit Farben. Das Ziel ist natürlich nicht getroffen zu werden. Schnappt euch eure Freunde, bildet zwei Gruppen und tretet gegeneinander an.

☐ **Aus einem Labyrinth herausfinden**

Wart ihr schon einmal in einem Labyrinth? Das kannganz schön aufregend sein, wenn ihr das Gefühl habt, dass ihr euch verlaufen habt.

☐ **Euch aus dem Escape-Room befreien**

Bei diesem Spiel werdet ihr in einem Zimmer eingeschlossen. Um wieder herauszukommen, müsst ihr verschiedene Rätsel lösen. Teamarbeit ist hier gefragt! Dabei könnt ihr zwischen verschiedenen Mottos wählen.

☐ **Ein Puzzle vollenden**

Gemeint ist natürlich ein großes Puzzle. 1000 Teile müssen es mindestens sein. Wer eine größere Herausforderung sucht sich ein 5000 Teile Puzzle oder ein Puzzle, von dem ihr das Motiv noch nicht kennt.

☐ **Euch für eine TV-Show bewerben**

Bewerbt euch aus Spaß für eine TV-Show eurer Wahl. Es geht nicht darum auch genommen zu werden, sondern um den Spaß des Bewerbungsprozesses.

4. DIE BUCKET LIST

☐ Zusammen Minigolf spielen

Nehmt die Herausforderung an und tretet ein Minigolf-Duell an. Der Verlierer muss dem Gewinner ein Eis spendieren.

☐ Lustige Fotos in einer Fotokabine machen

Setzt euch in eine Fotokabine und macht eure schlimmsten Grimassen. Diese Bilder werden euch auch noch nach Jahren zum Lachen bringen.

☐ Dart spielen

Macht euch einen schönen Abend in der Kneipe und spielt eine Runde Dart gegeneinander. Die nächste Runde geht auf den Verlierer.

☐ Beim Pub-Quiz mitmachen und gewinnen

In irischen Pubs findet einmal pro Woche ein Pub-Quiz statt. Vereint euer Wissen und gewinnt das Quiz.

☐ Euch gegenseitig malen

Malt euch doch einmal gegenseitig. Das macht unglaublich viel Spaß. Es geht nicht um ein perfektes Ergebnis, sondern um das Erlebnis.

4. DIE BUCKET LIST

☐ **Karikaturen von euch erstellen lassen**

In vielen touristischen Städten könnt ihr von Straßenkünstlern eine Karikatur von euch erstellen lassen. Die Ergebnisse werden euch zum Lachen bringen.

☐ **Auf einem Spielplatz spielen**

Noch einmal Kind sein. Tobt auf dem Spielplatz wie kleine Kinder und erinnert euch an eure Kindheit zurück.

☐ **Euch an Halloween gruselig verkleiden**

Halloween ist das Fest des Grusels. Schmeißt euch in eurer gruseligstes Kostüm und wandert durch die Straßen. Süßes oder Saures?

☐ **Einen Kürbis lustig ausschnitzen**

Passend zu Halloween oder dem Herbst darf der obligatorische Kürbis nicht fehlen. Verpasst dem Kürbis ein lustiges Gesicht.

☐ **Mit einer Draisine fahren**

Eine Draisine vierädriges Fahrzeug, das ähnlich wie ein Tandem funktioniert. Nur hier sitzt man nebeneinander und nicht hintereinander. Dabei verläuft es auf Schienen.

4. DIE BUCKET LIST

☐ **Eine Tandem-Tour machen**

Schnappt euch ein Tandem und macht eine klassische Pärchentour mit dem Tandem. Sucht euch ein schönes Ausflugsziel und verbindet das Ganze mit einem Picknick.

☐ **Einen Tag lang nur machen, was der Andere sagt**

Macht euch einmal den Spaß. Erlaubt ist nur, was der Andere sagt. Seid kreativ und fordert euren Partner einmal richtig heraus.

☐ **Eine Nacht im Club durchtanzen**

Lasst die Nacht zum Tag werden und feiert die ganze Nacht in einem Club durch. Danach könnt ihr euch müde und erschöpft in eure Betten fallen lassen.

☐ **Eine Schnitzeljagd machen**

Bereitet eine kleine Schnitzeljagd für den Anderen vor. Am Ende erwartet ihn eine kleine Überraschung!

☐ **Beim Tough Mudder mitmachen**

Beim Tough Mudder handelt es sich um einen Lauf im Schlamm, bei dem ihr verschiedene Hindernisse bewältigen müsst. Dabei treten verschiedene Teams gegeneinander an.

4. DIE BUCKET LIST

☐ **Eine Rollschuh-Party besuchen**

In vielen Städten gibt es sogenannte Rollschuh-Party. Es ist quasi wie eine normale Party, nur halt auf Rollschuhen. Dies ist noch einmal eine ganz neue Erfahrung.

☐ **Zusammen Bowlen gehen**

Sucht euch eure Freunde zusammen und macht einen Ausflug zur Bowling Bahn.

☐ **Ein Kreuzworträtsel lösen**

Sucht euch ein besonders schwieriges Kreuzworträtsel raus und löst es gemeinsam. Anschließend könnt ihr die Antwort einsenden und vielleicht sogar einen Gewinn abstauben.

☐ **Euch für einen Tag am Bein zusammen binden**

Bindet euch für einen Tag an den Beinen zusammen. So seid ihr unzertrennbar und stellt eure Beziehung vor eine neue Herausforderung. Schließlich müsst ihr alles als Team erledigen.

☐ **Dem Anderen die Augen verbinden und ins Einkaufszentrum gehen**

Dies ist ein toller Vertrauenstest. Der Führer muss seinen Partner durch das Einkaufszentrum lotsen. Und zwar so, dass sich dieser nicht alleine, sondern sicher fühlt.

4. DIE BUCKET LIST

☐ **Twister spielen**

Natürlich in Unterwäsche, um den Spaßfaktor zu erhöhen!

☐ **Für eine Nacht die Bettseiten tauschen**

Tauscht für eine Nacht die Bettseiten und brecht aus euren Gewohnheiten aus. Von der anderen Seite sieht die Welt ganz anders aus.

☐ **Bullshit-Bingo spielen**

Es gibt verschiedene Vorlagen, aus denen ihr ein passendes Thema wählen könnt. Ihr werdet garantiert eine Menge Spaß haben!

☐ **Ein Trinkspiel machen**

Macht zusammen ein Trinkspiel. Es gibt unzählige Möglichkeiten. Wie wäre es, wenn ihr an die Ecke des Fernseher eine Weihnachtsmütze hängt und jedes Mal, wenn es so aussieht, dass jemand aus dem Film die Mütze trägt, müsst ihr einen trinken.

☐ **An einer Versteigerung teilnehmen**

Spürt die Aufregung einer Versteigerung und kämpft gemeinsam für euer Lieblingsstück.

4. DIE BUCKET LIST

☐ **Euch gegenseitig die Haare waschen**

Wascht euch doch einmal gegenseitig die Haare. Das kann ein intimer Moment sein. Oder einfach nur Spaß machen und zu lustigen Gesprächen führen.

☐ **Die Partnerin schminken / den Partner frisieren**

Tauscht einmal eure Rollen und schminkt, bzw. frisiert euch gegenseitig. Die Ergebnisse werden euch sicher umhauen! Vor Lachen…

☐ **Einen Couchsurfer bei euch übernachten lassen**

Bietet eure Couch für Reisende an. So lernt ihr viele neue Leute kennen und bringt etwas Schwung in euren Alltag.

☐ **Wahrheit oder Pflicht**

Spielt zusammen das Spiel Wahrheit oder Pflicht und sucht euch die miesesten Fragen und gemeinsten Herausforderungen raus.

☐ **Im Partnerlook herumlaufen**

Sucht euch passende Kleidung aus und signalisiert der ganzen Welt, das ihr zusammen gehört.

4. DIE BUCKET LIST

☐ **Euch zum Karneval in ein Partnerkostüm schmeißen**

Wählt ein verrücktes Partner-Karnevalskostüm. Eurer Fantasie sind hier keine Grenzen gelassen.

☐ **Bilder mit einer Drohne aufnehmen**

Mit einer Drohne könnt ihr Bilder aus einer vollkommen anderen Perspektive aufnehmen. Alternativ könnt ihr auch ein Video drehen und anschließen zusammenschneiden.

☐ **Eine Probefahrt in einem Luxuswagen machen**

Hier ist es wichtig, dass ihr entsprechend gekleidet seid, um auch seriös zu wirken. Ansonsten habt ihr schlechte Karten.

☐ **Eine Luxusimmobilie besichtigen**

Ihr wolltet eine Luxusvilla schon immer einmal von innen sehen? Dann geht auf eine Besichtigung. Träumen darf man ja mal!

☐ **Eine Playlist zusammen erstellen**

Packt eure liebsten Lieder in eine gemeinsame Playlist und hört sie rauf und runter.

4. DIE BUCKET LIST

☐ Zusammen in der Wohnung wild zu den 90ern tanzen

90er Jahre. Verrückte Kleidung, Boybands… Legt die alten Platten wieder auf und tanzt einmal so richtig ab.

☐ Ein Musikvideo aufnehmen

Ihr wolltet schon immer mal ein Musikstar sein? Jetzt ist eure Chance. Nehmt ein Musikvideo zu einem Song eurer Wahl auf und fühlt euch wie ein richtiger Rockstar. Oder Rapper.

☐ Einen Klingelstreich machen

In der Kindheit oft gemacht. Im Alter vergessen. Wenn ihr das nächste Mal spazieren seid, verbindet den Spaziergang doch mit ein paar Klingelstreichen und rennt kichernd weg.

☐ Einen Telefonstreich machen

Macht einen Telefonstreich und denkt euch was Witziges aus. Wenn ihr euch das bei Fremden nicht traut, können auch eure unwissenden Freunde herhalten.

☐ Ein anderes Paar miteinander verkuppeln

Ihr kennt zwei SIngles, die einfach perfekt zueinander passen würden? Verkuppelt die beiden und verhelft ihnen zu ihrem Liebesglück.

4. DIE BUCKET LIST

☐ **Zusammen Lotto spielen**

Kauft euch aus Spaß ein Lottolos und füllt es aus. Wer weiß? Vielleicht wartet ja der große Gewinn auf euch. Aber wie heißt es so schön: Glück in der Liebe, Pech im Spiel.

☐ **In einer Limousine fahren**

Bucht euch eine Limousine und lasst euch wie echte Stars durch die Stadt fahren.

☐ **Billard spielen**

Spielt zusammen Billard. Vielleicht möchtet ihr ja das klassische Klischee erfüllen und der Mann zeigt der Lady, wie sie ihren Schlag ausführen soll.

☐ **An einem Esswettbewerb teilnehmen**

Das erfordert einiges an Training und wird euch eine Menge Spaß machen. Aber rechnet damit, dass ihr das jeweilige Lebensmittel am Ende nicht mehr sehen könnt.

☐ **Ein Iris-Fotoshooting machen**

Bei einem Iris-Fotoshooting könnt ihr die Farben eurer Augen noch einmal genauer anschauen. Ganz nach dem Motto: Schau mir in die Augen, Kleines.

4. DIE BUCKET LIST

☐ **Gegenseitig für euch ein Outfit kaufen**

Geht doch einmal zusammen shoppen. Die Regel: Nur der Partner darf die Kleidung des Anderen auswählen. Seid gespannt auf das Ergebnis!

☐ **Eine Motto-Party schmeißen**

Sucht euch ein lustiges Motto aus und schmeißt eine große Mottoparty für eure Freunde.

☐ **Verstecken spielen**

Probiert doch einmal eine andere Variante aus und spielt Verstecken im Ikea. Die Blicke der anderen Kunden werden unbezahlbar sein.

☐ **Ein Kartenhaus bauen**

Wer das größte Kartenhaus baut, gewinnt!

☐ **Ja-Nein spielen**

Beim Ja-Nein-Spielt stellt ihr euch gegenseitig Fragen. Ihr dürft jedoch nicht mit Ja, Nein, Schwarz oder Weiß antworten!

☐ **In einen Indoor-Spielplatz gehen**

Besucht einen Indoor-Spielplatz und suhlt euch im Bällebad. Trampoline und Rutschen gibt es hier auch zu Genüge.

4. DIE BUCKET LIST

☐ Euch im Radio ein Lied wünschen

Ruft beim Radio an und wünscht euch das Lied, das euch miteinander verbindet. Der Song wird dann nur für euch gespielt.

☐ An einer Quiz-Show teilnehmen

Nehmt an einer Quiz-Show im Fernsehen teil. Es gibt viele Quiz-Shows, die auch für Paare geeignet sind, sodass ihr euer Wissen gemeinsam anwenden könnt.

☐ Mit einem Tretboot fahren

Leiht euch ein Tretboot aus und fahrt über den See. Zwischendurch könnt ihr euch im See abkühlen.

☐ An einem Line-Dance teilnehmen

Ein Line-Dance wird meist zu Countrymusic getanzt. Dabei stehen alle in einer Reihe und tanzen zu einer Choreographie.

☐ Einen Tag lang schweigen

Einen Tag lang nichts sagen? Das ist unglaublich schwierig. Probiert es einmal aus. In diesem Fall ist Schweigen ausdrücklich erlaubt.

4. DIE BUCKET LIST

☐ **Euch mit Bodypainting bemalen**

Verwandelt euren Körper zu einer Leinwand und malt euch gegenseitig an. Die Kunstwerke sollten auf jeden Fall fotographisch festgehalten werden.

☐ **Ein Bild mit Fingerfarben malen**

Malen muss man nicht immer mit einem Pinsel. Mit Fingern macht es sehr viel mehr Spaß! Tunkt eure Finger in Farbe und los gehts!

☐ **Ein Bild mit einem Promi machen**

Diese Gelegenheit solltet ihr euch nicht entgehen lassen. Seid dabei jedoch immer respektvoll. Auch Prominente haben ein Privatleben.

☐ **Euch gegenseitig Ugly-Pics schicken**

Macht hässliche Bilder von euch und schickt sie unangemeldet eurem Partner. Das wird ihn mit Sicherheit zum Lachen bringen.

☐ **An einem Flashmob teilnehmen**

Wir alle kennen Flashmobs aus dem Fernsehen. Doch wie cool wäre es an einem teilzunehmen? Ganz genau!

4. DIE BUCKET LIST

☐ **Aus Ballons Tiere basteln**

Beweist eure künstlerischen Fähigkeiten und bastelt lustige Ballon-Tiere.

☐ **Einen DNA-Test machen**

Ihr wolltet schon immer einmal wissen, woher ihr eigentlich stammt? Macht einen DNA-Test und findet es heraus!

☐ **Euch gegenseitig die schlechtesten Witze erzählen**

Witze, die so schlecht sind, dass sie schon wieder witzig sind…

☐ **Eine Filmszene nachstellen**

Ihr habt eine Lieblingsszene aus einem Film? Stellt diese doch ganz einfach mal nach. Ihr könnt die Szene natürlich auch parodieren.

☐ **Sich in der Wohnung verstecken und gegenseitig erschrecken**

Baut kleine Streiche in euren Alltag ein und versteckt euch in der Wohnung, um den Anderen zu erschrecken. Es werden herrliche Szenen dabei herauskommen.

4. DIE BUCKET LIST

☐ **Im Kino den Kartenverkäufer den Film aussuchen lassen**

Lasst doch mal den Kartenverkäufer auswählen, in welchen Film ihr geht. Das steigert die Spannung und Vorfreude.

☐ **In eine Sneak-Preview gehen**

Bei einer Sneak-Preview werden Kinofilme vor der eigentlichen Veröffentlichung gezeigt. Ihr wisst also nicht, was auf euch zukommt.

☐ **Entweder-Oder spielen**

Spielt das Entweder-Oder-Spiel. Dadurch habt ihr die Möglichkeit noch besser einander kennenzulernen.

☐ **Eine Wasserschlacht machen**

Bastelt euch kleine Wasserbomben und veranstaltet eine wilde Wasserschlacht.

☐ **Durch einen Wassersprinkler laufen**

Hüpft wie kleine Kinder durch den Wassersprinkler und habt einmal so richtig zusammen Spaß.

☐ **Einen Lachanfall bekommen**

Ein Lachanfall bis euch der Bauch weh tut und ihr keine Luft mehr bekommt.

4. DIE BUCKET LIST

☐ **Euch etwas abgewöhnen**

Jeder von uns hat schlechte Angewohnheiten. Nutzt die Gelegenheit und gewöhnt euch eine davon ab. Zusammen könnt ihr euch gegenseitig zum Durchhalten motivieren.

☐ **Einen Tag ohne Handy und Internet verbringen**

Macht doch einmal einen Digital-Detox und verzichtet komplett auf Handy und Internet. Ihr werdet merken, wieviel Zeit ihr eigentlich verschwendet und könnt euch stattdessen auf euch konzentrieren.

☐ **An einer Tupperparty teilnehmen**

Die berühmte Tupperparty. Wer noch nie dabei war, hat was verpasst!

☐ **Gemeinsam einen Kater überstehen**

Leiden schweißt zusammen. Also suhlt euch in Selbstmitleid, bestellt euch eine Pizza und macht es euch bei einem Film gemütlich bis der Spuk vorbei ist.

☐ **Heimlich einen Apfel vom Baum pflücken**

Gebt der Versuchung nach und klaut euch heimlich einen Apfel vom Baum. Ihr werdet euch für wahnsinnig gefährlich halten.

4. DIE BUCKET LIST

☐ Im Kino so lange sitzen bleiben bis das Licht angeht

Sobald der Film endet, rennen die meisten aus dem Kino. Bleibt einfach mal sitzen und steht erst auf, wenn das Licht angeht.

☐ Das neue Jahr verschlafen

Keine große Feier. Einfach nur gemütlich zusammen auf dem Sofa Silvester verschlafen.

☐ Eine Woche die Kleidung des Anderen bestimmen

Lasst euren Partner für eine Woche bestimmen, was ihr tragt. Hier könnt ihr selbst entscheiden, ob ihr euch einen Spaß daraus macht oder das Ganze ernsthaft angeht.

☐ Eine Wette abschließen

Schließt eine Wette mit einem hohen Einsatz ab. Das erhöht den Ehrgeiz. Versucht hier besonders verrückte Ideen zu finden.

☐ Eine Mutprobe absolvieren

Bei dieser Mutprobe müsst ihr nicht unbedingt etwas Peinliches machen. Es kann auch dazu dienen, dass der Partner eine bestimmte Angst überwindet.

4. DIE BUCKET LIST

☐ **Ein Dance-Battle machen**

Verwandelt euer Zuhause in einen kleinen Club und packt eure fettesten Dance-Moves aus.

☐ **Eine Kissenschlacht machen**

Startet einfach ohne Grund eine kleine Kissenschlacht. Hüpfen auf dem Bett ist natürlich erlaubt!

☐ **Strip-Poker spielen**

Spielt Poker doch einmal auf andere Art und Weise. Der Verlierer muss jedes Mal ein Kleidungsstück fallen. Wer weiß, ob ihr es überhaupt schafft, das Spiel zu Ende zu spielen.

☐ **Kirschkerne weit spucken**

Das haben wahrscheinlich schon viele als Kind gemacht. Doch nur die Wenigsten gönnen sich den Spaß mit dem Partner.

☐ **Eine Flaschenpost verschicken**

Bereitet eine kleine Nachricht an den Finder vor und lasst ihn wissen, wo die Flaschenpost gestartet ist. Bitte benutzt dafür nur Glasflaschen, um das Meer nicht noch mehr mit Plastik zu verunreinigen.

4. DIE BUCKET LIST

☐ **Eine Kitzelschlacht machen**

Attackiert euren Partner aus dem Nichts und kitzelt ihn so lange bis er keine Luft mehr bekommt. Der Partner darf sich natürlich in einem unbeobachteten Moment revanchieren.

☐ **Zusammen einen Horrorfilm schauen und euch gruseln**

Horrorfilme sind schaurig gruselig. Hier könnt ihr euch zusammen unter der Decke verstecken und euch gegenseitig nachts die Hand halten, falls ihr Angst bekommt.

☐ **An einem Laternenumzug mitmachen**

Der Laternenumzug hat eine lange Tradition und findet stets zum 11. November statt. An diesem Tag würdigen wir die Barmherzigkeit des Heiligen Martins. Bastelt euch eure eigene kleine Laterne, zieht von Haus zu Haus und singt Martinslieder.

☐ **An Ostern Ostereier suchen**

Eine weitere Tradition, die ihr wieder aufleben lassen solltet. Zwar suchen eigentlich nur Kinder nach Ostereiern, aber warum eigentlich? Erwachsene haben daran genauso viel Spaß! Hier könnt ihr euch besonders originelle Verstecke aussuchen.

4. DIE BUCKET LIST

☐ **Seifenblasen machen**

Seifenblasen sind ein Teil unserer Kindheit. Ihr könnt die Mischung ganz einfach aus Wasser und Spüli selber herstellen. Wenn ihr auf das Ganze gehen wollt, dann holt euch eine Seifenblasen-Pistole oder die XXL-Seifenblasen.

☐ **Zusammen Inliner fahren**

Packt die Inline aus und dreht eine Runde. Vielleicht habt ihr einen schönen Park oder eine gute Strecke, die sich für Inline eignet, in der Nähe.

☐ **Einen Drink in der Eisbar nehmen**

Besucht eine Eisbar und genießt dort einen eisigen Drink. Alternativ kann eine Eisbar auch als Event gebucht werden. Perfekt für die nächste Feier!

Winter

☐ **Eine Schneeschuhwanderung machen**

Die Schneelandschaft einmal in ihrer Unberührtheit kennenlernen und eine Schneeschuhwanderung machen. Danach könnt ihr in eine Hütte einkehren und euch aufwärmen.

☐ **Schlitten fahren**

Sucht euch einen Berg und rodelt ihn mit dem Schlitten herunter. Der Schnellere gewinnt.

4. DIE BUCKET LIST

☐ **Einen Ski-Kurs machen**

Um die Pisten wild herunter düsen zu können, solltet ihr zuvor einen kleinen Ski-Kurs machen. Hier lernt ihr alle Grundlagen wie Lenken und Bremsen kennen.

☐ **Mit einem Schneemobil fahren**

Ein Schneemobil ist ähnlich wie ein Jetski. Dabei läuft es auf Skiern, sodass ihr durch den Schnee gleiten könnt. Es macht einfach unglaublich viel Spaß.

☐ **Gemeinsam Schlittschuh fahren**

Lauft Hand in Hand über das Eis und fühlt euch wie verliebte Teenager.

☐ **Einen Schneeengel machen**

Legt euch in den Schnee, bewegt eure Arme und Beine und bewundert eure tollen Werke.

☐ **Ein romantischer Spaziergang im Schnee**

Was gibt es romantischeres als einen Winterspaziergang im Schnee. Alles erscheint so magisch und glitzert in der Sonne.

☐ **Eine Schneeballschlacht anzetteln**

Macht eine wilde Schneeballschlacht bis ihr ganz nass und rot seid und euch vor Lachen die Bäuche haltet.

4. DIE BUCKET LIST

☐ **Ein Eisbad nehmen**

Wie wäre es mit einem Eisbad im eisigen See? In vielen Städten ist dies auch eine Neujahrstradition. Bleibt jedoch nicht zu lange im kalten Wasser, um eurem Körper keiner Gefahr auszusetzen.

☐ **Ein Lebkuchenhaus backen**

Backt zusammen ein Lebkuchenhaus. Danach könnt ihr es gemeinsam verschlingen.

☐ **Snowboard fahren**

Snowboard fahren macht wahnsinnig Spaß. Es ist ein bisschen wie Skateboard fahren oder surfen. Hier braucht ihr ein gutes Körpergefühl, um euch auf dem Board halten zu können.

☐ **Euch gegenseitig einen Adventskalender basteln**

Bastelt euch gegenseitig einen Adventskalender und verpackt kleine Mini-Geschenke. Das können beispielsweise Schokolade, kleine Gegenstände, aber auch Liebesbotschaften sein.

☐ **Einen kuscheligen Abend mit Glühwein und Lebkuchen machen**

Zum Winter Gehöhren Glühwein und Lebkuchen dazu. Macht es euch so richtig gemütlich und schaut vielleicht einen Film dazu.

4. DIE BUCKET LIST

☐ **Einen Schneemann bauen**

Der Schneeman gehört obligatorisch zum Winter dazu. Pimpt den Schneemann mit spezieller Kleidung auf und verleiht ihm so eine persönliche Note.

☐ **Ein Foto mit dem Weihnachtsmann machen**

Dies bedarf etwas Überwindung, da normalerweise nur Kinder sich mit einem Weihnachtsmann im Einkaufszentrum fotografieren lassen. Aber wer sagt, dass das nicht auch Erwachsene können?

☐ **In einer heißen Quelle baden**

Hier vereint ihr die Kälte und die Wärme miteinander. In Norwegen beispielsweise gibt es viele Quellen, in denen ihr baden und euch aufwärmen könnt.

☐ **In eine Sauna gehen und anschließend in den Schnee legen**

Eine Sauna ist besonders im Winter wohltuend. Anstatt anschließend eine kalte Dusche zu nehmen, könnt ihr euch auch einfach in den Schnee legen.

☐ **Einen Kinder-Weihnachtsfilm anschauen**

Weihnachten hat für Kinder noch etwas Magisches. Holt euch diese Magie zurück und schaut einen schönen Kinder-Weihnachtsfilm.

4. DIE BUCKET LIST

☐ **Auf so viele Weihnachtsmärkte gehen wie möglich**

Anstatt immer auf den gleichen Weihnachtsmarkt zu gehen, könnt ihr auch eine Weihnachtsmarkt-Tour machen und in einer Saison so viele Weihnachtsmärkte wie möglich kennenlernen.

☐ **Ein Iglu bauen**

Ein Iglu zu bauen, kann eine wahre Herausforderung sein. Schließlich müsst ihr hier einige physikalische Gesetze beachten. Vielleicht traut ihr euch sogar anschließend in eurem Iglu zu übernachten.

☐ **Weihnachtliche Partner-Pyjamas anziehen**

Ein weihnachtlicher Partner-Pyjama ist zwar ein richtiges Klischee, aber dennoch lustig. Es verschafft euch ein Zugehörigkeitsgefühl und verbindet euch als Paar.

☐ **Hässliche Weihnachtspullis anziehen und zu Weihnachtshits tanzen**

Jeder kennt doch diese lustigen Weihnachtspullover, die zum teil peinlich anmuten. Schmeißt euch hinein und tanzt zu klassischen Weihnachtshits wie „Last Christmas".

4. DIE BUCKET LIST

Kulinarisch

☐ **Ein Dark Dinner besuchen**

Bei einem Dark Dinner ist der komplette Raum abgedunkelt, sodass ihr nichts mehr sehen könnt. Dadurch könnt ihr eure anderen Sinne verstärkt wahrnehmen und müsst lernen, euch darauf zu verlassen.

☐ **Zuhause Sushi machen**

Sushi mal nicht in einem Restaurant essen, sondern selber machen. Besorgt euch die nötigen Zutaten und legt los. Plant dafür ausreichend Zeit ein, da ihr wahrscheinlich den ganzen Abend damit beschäftigt sein werdet.

☐ **Eine Weinverkostung machen**

Macht eine Weinführung und lernt dabei die Herstellung von Wein kennen. Anschließend könnt ihr verschiedene Weine aus dem Weingut testen.

☐ **Eine Gin-Verkostung machen**

Gin kann verschiedene Geschmacksnoten aufweisen und teilweise sehr unterschiedlich schmecken.

☐ **Einen Kochkurs machen**

Egal, ob asiatisch, italienisch, französisch… Sucht euch einen Kochkurs aus, der euch gefällt. Hier erfahrt ihr eine Menge Tipps und Tricks, die ihr direkt in euren Alltag einbauen könnt.

4. DIE BUCKET LIST

☐ Ein Sterne-Restaurant besuchen

Habt ihr euch schon einmal gefragt, ob das Essen in einem Sterne-Restaurant wirklich so viel besser schmeckt? Findet es heraus und bucht euch einen Tisch!

☐ Im schlechtesten Restaurant der Stadt Essen gehen

Wahrscheinlich schaut ihr euch auch immer die Bewertungen von Restaurants an, bevor ihr entscheidet, wohin ihr geht. Sucht euch aber diesmal nicht das Beste, sondern das Schlechteste Restaurant aus und schaut, was es mit den schlechten Bewertungen auf sich hat.

☐ Einen Cocktail-Kurs besuchen

Cocktailmixen will gelernt sein. Hier lernt ihr wie ihr verschiedene Zutaten miteinander kombinieren könnt, um ein leckeres Ergebnis zu erzielen.

☐ Ein eigenes Bier brauen

Es gibt mittlerweile verschiedene Bierbrau-Sets, mit denen ihr euer eigenes Bier brauen könnt. Meist handelt es sich dabei um verschiedene Ale-Sorten.

☐ Eine Kneipentour machen

Taucht noch einmal in das Studentenleben ein und macht eine ausgiebige Kneipentour bis einer von euch erschöpft aufgibt.

4. DIE BUCKET LIST

☐ **Euer eigenes Eis Zuhause machen**

Eis ist der größte Hit im Sommer. Macht doch einmal euer eigenes Eis. Das könnt ihr bereits mit wenigen Zutaten umsetzen und ist gar nicht so schwer wie es klingt.

☐ **Euren eigenen Cocktail kreieren**

Kombiniert verschiedene Zutaten und Spirituosen miteinander und kreiert euren eigenen Cocktail. Denkt euch einen besonderen Namen für euren Cocktail auf und serviert ihn auf eurer nächsten Party.

☐ **Im Restaurant füreinander bestellen**

Meist sucht sich jeder sein eigenes Essen aus. Es ist aber viel lustiger, wenn der Partner für den Anderen bestellt.

☐ **Eine Brauerei-Besichtigung machen**

Bei einer Brauerei-Besichtigung werdet ihr in die Geheimnisse des Bier Brauens eingeweiht. Anschließend könnt ihr das hauseigene Bier verkosten.

☐ **Ein Dinner in the sky buchen**

Beim Dinner in the sky genießt ihr euer Essen in luftigen Höhen. Dabei wird euer Tisch per Kran in die Höhe befördert. Höhenangst sollte man hier nicht haben.

4. DIE BUCKET LIST

☐ **Selber Pasta machen**

Die eigene Pasta schmeckt so viel besser als die Gekaufte. Denn ihr wisst nun wieviel Arbeit hierin steckt.

☐ **Ein Street-Food-Festival besuchen**

Bei einem Street-Food-Festival könnt ihr verschiedene kulinarische Spezialitäten genießen und dadurch in kürzester Zeit verschiedene Küchen kennenlernen.

☐ **Einen Monat vegan leben**

Umwelt- und Tierschutz nehmen einen immer wichtigeren Stellenwert ein. Anstatt direkt vegetarisch oder vegan zu werden, könnt ihr euch einmal langsam an diese Ernährung herantasten und mit einem Monat starten. Vielleicht werdet ihr danach eure Ernährung ein bisschen bewusster gestalten.

☐ **Zusammen eine Zigarre rauchen**

Nahezu jeder hat schon einmal an einer Zigarette gezogen. Eine Zigarre ist jedoch etwas ganz anderes und es wird nur von wenigen ausprobiert.

☐ **Euer eigenes Brot backen**

Brot backen bedarf keiner speziellen Fähigkeiten. Ihr benötigt lediglich Wasser, Mehl, Salz, Sauerteig oder Hefe. Schon habt ihr ein frisch duftendes Brot.

4. DIE BUCKET LIST

☐ **Pizza selber machen**

Das bedeutet auch, dass ihr den Teig selber macht und nicht einkauft. Denn der Teig ist die große Herausforderung. Ihr könnt euch beispielsweise durch verschiedene Rezepte durchprobieren und das beste Pizzateig-Rezept für euch bestimmen.

☐ **Ein Drei-Gänge-Menü bestellen**

Bestellt euch in einem Restaurant ein Drei-Gänge-Menü und lasst es euch so richtig gut gehen.

☐ **Zusammen nackt kochen**

Kochen ist langweilig und zu etwas Alltäglichem verkommen? Dann kocht doch einfach mal nackt!

☐ **Euch gegenseitig euer Lieblingsgericht kochen**

Bereitet eurem Partner eine Freude und kocht sein Lieblingsgericht.

☐ **Euren eigenen Schnaps brennen**

Schnaps aus Obst könnt ihr auch wunderbar selber brennen. Beachtet jedoch die Regeln, denn ihr dürft offiziell nicht mehr als 50 Liter Schnaps brennen und benötigt auch eine Brennerlaubnis.

4. DIE BUCKET LIST

☐ **Neue Lebensmittel ausprobieren**

Es gibt immer wieder neue Lebensmittel, die ihr noch nicht kennt. Macht doch mal einen Einkauf, bei dem ihr nur unbekannte Sachen einkauft und ausprobiert.

☐ **Ein exotisches Rezept ausprobieren**

Probiert doch mal eine spezielle Küche aus und kocht ein exotisches Rezept. Das wird euren Geschmackshorizont erweitern.

☐ **Einen Tapas-Abend veranstalten**

Macht einen spanischen Abend und bereitet verschiedene Tapas vor. Viva l'Espagna!

☐ **Den größten Eisbecher bestellen**

Vergesst einmal die Kalorien und bestellt euch den größten Eisbecher, den es auf der Karte gibt und verspeist ihn zusammen.

☐ **Eine neue kulinarische Küche entdecken**

Wahrscheinlich seid ihr mit den Standard-Küchen wie italienisch, asiatisch oder französisch bekannt. Aber wie sieht es mit afrikanisch oder vietnamesisch aus?

4. DIE BUCKET LIST

☐ **Lernen mit Stäbchen zu essen**

Essen mit Stäbchen kann zu einer wahren Geduldsprobe werden - zumindest, wenn man es nicht beherrscht. Nehmt es als Anlass häufiger asiatisch zu kochen, um fleißig üben zu können.

☐ **Ein Dinner unter Wasser machen**

Bei einem Dinner unter Wasser befindet ihr euch quasi in einem riesengroßen Aquarium. So könnt ihr beim Essen die Fische beobachten und in die Unterwasserwelt abtauchen.

☐ **Wein aus euren Geburtsjahren trinken**

Je älter ihr seid, desto schwieriger kann es sein, an eine entsprechende Flasche zu kommen. Gönnt euch dennoch dieses besondere Erlebnis und macht euch auf die Suche. Ihr könnt beispielsweise direkt bei verschieben Weingütern anfragen, ob sie eine Flasche auf Lager haben.

Wohltätigkeit

☐ **Blut spenden**

Blut spenden könnt ihr regelmäßig im Krankenhaus. Häufig gibt es auch spezielle Blutspendeaktionen.

4. DIE BUCKET LIST

☐ Eine Patenschaft für ein Kind in Not übernehmen

Mit einer Patenschaft für ein Kind unterstützt ihr dieses finanziell, damit es ausreichend Nahrung, Kleidung und Bildung bekommt. Informiert euch über verschiedene Organisationen.

☐ Eine Tierpatenschaft übernehmen

Mit einer Tierpatenschaft sorgt ihr dafür, dass das Tier ausreichend Futter und Pflege bekommt. Tierpatenschaften gibt es für verschiedene Arten von Tieren. Ein toller Verein ist beispielsweise NABU.

☐ Bei der Tafel aushelfen

Bei der Tafel werden immer wieder Freiwillige gesucht. Engagiert euch für eure Mitmenschen und tut ihnen etwas Gutes.

☐ Jemandem einen Wunsch erfüllen

Vielleicht kennt ihr jemanden, der einen Wunsch auf dem Herzen hat. Erfüllt ihm seinen Traum, sofern es in eurer Möglichkeit ist. Das wird ihn mit ewiger Dankbarkeit erfüllen.

☐ Einem Obdachlosen einen Haarschnitt schenken

Wie wäre es, wenn ihr einem Obdachlosen einen Haarschnitt spendiert. Bereits kleine Gesten können helfen, dass sich die Menschen besser fühlen.

4. DIE BUCKET LIST

☐ **Einem Obdachlosen im Winter helfen**

Gerade im Winter haben Obdachlose besonders zu leiden. Bringt Ihnen beispielsweise etwas warmes zu trinken oder gebt ihnen eine wärmende Decke.

☐ **Die Einkäufe für eine ältere Person übernehmen**

Schaut euch einmal in eurer Nachbarschaft um. Vielleicht gibt es dort ältere Personen, denen der Einkauf schwer fällt. Übernehmt diese Aufgabe für sie und erleichtert damit ihren Alltag.

☐ **Die gesamte Familie zum Essen einladen**

Ladet doch einmal eure gesamte Familie zu einem schönen Familienessen sein.

☐ **Müll sammeln**

Schnappt euch einen Müllbeutel und sammelt darauf los. Wahrscheinlich werdet ihr gar nicht so weit kommen bis euer Müllsack bereits voll ist. So bekommt ihr einen besseren Blick für eure Umwelt und geht bewusster mit ihr um. Häufig gibt es auch spezielle Müllsammel-Aktionen, an denen ihr euch beteiligen könnt.

☐ **Für eine Knochenmarkspender registrieren**

Die Registrierung für eine Knochenmarkspender ist sehr simpel. Ihr macht dafür lediglich einen kleinen Abstrich im Mundraum, könnt aber im Zweifel ein Menschenleben retten.

4. DIE BUCKET LIST

☐ **Eine große Gartenparty mit allen Freunden und Familie machen**

Schmeißt eine große Party mit all euren Freunden und Verwandten. Leckere Drinks, Salate und gegrillte Würstchen dürfen natürlich nicht fehlen.

☐ **Eine Spende machen**

Es ist dabei vollkommen egal, wie hoch die Spende ist. Ihr könnt auch nur 5 € spenden. Ihr trat dennoch zu etwas Gutem bei!

☐ **Mit einem Hund aus dem Tierheim Gassi gehen**

Viele Tierheime suchen nach Freiwilligen, die mit den Hunden spazieren gehen. Besonders, wenn ihr euch keinen eigenen Hund zulegen möchtet oder könnt, ist dies eine gute Gelegenheit, um trotzdem mit Hunden in Kontakt zu kommen.

☐ **Ein Tier aus dem Tierschutz adoptieren**

Adopt don't shop lautet hier das Motto. Bevor ihr ein Tier kauft, solltet ihr immer auch eine Adoption in Erwägung ziehen. Es gibt viele bedürftige Tiere, die ein sicheres Zuhause suchen.

☐ **Einen Tag babysitten**

Nehmt euren Freunden für einen Tag das Kind ab und ermöglicht ihnen einen freien Tag. Gleichzeitig könnt ihr schon einmal üben wie das Leben mit Kind ist.

4. DIE BUCKET LIST

Neue Fähigkeiten

☐ Zusammen eine neue Sprache lernen

Sucht euch eine Sprache aus, die euch beiden gefällt. Die Auswahl ist groß. Im nächsten Urlaub könnt ihr euch gleich an euren neuen Sprachkünsten versuchen.

☐ Ein neues Instrument lernen und eine Band gründen

Gibt es ein Instrument, das ihr schon immer einmal lernen wolltet? Ihr könnt euch auch unterschiedliche Instrumente aussuchen und eine coole Band gründen.

☐ Einen Tanzkurs besuchen

Wie wäre es mit Salsa oder Tango? Oder doch lieber klassisch? Sucht euch einen Tanzkurs aus und stärkt das Vertrauen ineinander.

☐ Einen Surf-Kurs machen

Surfen ist ein tolles und befreiendes Gefühl, wenn ihr eins mit den Wellen werdet. Aber Achtung: Nicht gleich das gesamte Meer auf einmal verschlucken!

☐ Einen Tag auf dem Schießstand verbringen

Um auf dem Schießstand zu schießen, braucht ihr keinen speziellen Waffenschein. Es handelt sich hierbei lediglich um eine Übung. Das heißt, ihr könnt euch ganz einfach einen Termin buchen und herausfinden, wie sich eine Waffe in der Hand anfühlt.

☐ Einen Tauchkurs machen

Macht zusammen einen Tauchkurs und entdeckt anschließend die Unterwasserwelt zusammen. Es ist faszinierend, welches Leben sich unter Wasser abspielt, ohne dass wir es bemerken.

☐ Gemeinsam ein Möbelstück für die Wohnung zimmern

Zimmert euch eurer eigenes Möbelstück für eure Wohnung. Dieses wird euch noch für lange Zeit begleiten, da ihr wisst wieviel Zeit und Liebe ihr darin investiert habt. Dadurch hat es einen ganz besonderen Stellenwert in eurem Herzen.

☐ Einen Töpfer-Kurs besuchen

Bei einem Töpferkurs könnt ihr eure eigene Keramik herstellen. Töpfern hat etwas meditatives und lässt euch komplett entspannen. Anschließend dürft ihr eure Werke mit nach Hause nehmen.

☐ Ein Bootcamp mitmachen

Ein Boot Camp ist nichts für schwache Nerven. Ihr werdet extrem an eure Grenzen gepusht und könnt so hoch über euch hinauswachsen.

4. DIE BUCKET LIST

☐ **Zusammen einen Marathon laufen**

Es muss auch nicht unbedingt ein ganzer Marathon sein. Ihr könnt gerne auch einen halben Marathon oder nur einen 10 km Lauf machen. Hauptsache es macht euch Spaß und stellt euch vor eine neue Herausforderung.

☐ **In eine Boulder-Halle gehen**

Beim Bouldern klettert ihr eine Wand hoch und dürft nur eine bestimmte Farbe auf dem Weg nach oben benutzen. Die verschiedenen Farben stehen für verschiedene Schwierigkeitsgrade.

☐ **Einen Massage-Kurs machen**

Lernt doch einmal von den Profis und lasst euch zeigen, wie ihr euch gegenseitig im Alltag etwas Gutes tun könnt.

☐ **Einen Golf-Kurs belegen**

Mit Golf sind viele Klischees verbunden. Warum findet ihr nicht einmal mal heraus, was es damit auf sich hat. Vielleicht findet ihr sogar eine neue Sportart!

☐ **Einen Mal-Kurs machen**

Hier werden ihr mit den Grundkenntnissen der Kunst bekannt machen und könnt euch an eurem ersten eigenen Bild versuchen. Auch hier gilt: Es muss nicht perfekt sein!

4. DIE BUCKET LIST

☐ **An einem Persönlichkeits-Seminar teilnehmen**

Bei der Persönlichkeitsentwicklung geht es darum, das Beste aus sich herauszuholen und die Liebe in das Leben zu lassen. Es gibt viele Trainer, die verschiedene Seminare anbieten. Schaut euch einmal um und sucht euch einen Trainer aus, der euch am meisten zusagt.

☐ **Einen Blog schreiben**

Startet euren eigenen Blog und lasst eure Mitmenschen an eurem Leben oder an eurem Wissen teilhaben. Noch immer werden Blogs zahlreich gelesen.

☐ **Einen YouTube-Channel einrichten**

Ihr könnt auch gleich in die Vollen gehen und euren eigenen YouTube-Channel einrichten.

☐ **Ein Unternehmen gründen**

Gründet euer eigenes kleines Unternehmen. Vielleicht habt ihr bereits eine gute Idee, die ihr in die Tat umsetzen könnt. Wenn ihr ein Kleinunternehmen anmeldet, habt ihr keine großen Risiken zu befürchten und könnt euch einfach ausprobieren.

☐ **An einem Erotik-Kochkurs teilnehmen**

Bei einem Erotik-Kochkurs geht es nicht anzüglich her. Vielmehr werden aphrodisierende Lebensmittel zubereitet, die euer Blut in Wallung bringen können.

4. DIE BUCKET LIST

☐ **Origami lernen**

Origami ist die Kunst des Papierfaltens und stammt aus Asien. Ihr könnt hier kleine filigrane Tiere oder Figuren falten.

☐ **Ein neues Brettspiel ausprobieren**

Stöbert doch einmal in einem Spielwarenladen und sucht euch ein neues Spiel aus. Alternativ kann es natürlich auch ein Kartenspiel sein. Dadurch lernt ihr etwas Neues und verbringt gleichzeitig auch noch Zeit miteinander.

☐ **Ein Vogelhaus bauen und aufhängen**

Zimmert euer eigenes Vogelhaus und hängt es anschließend in den Karten. Ihr könnt auch eine Vogel-Futterstation für den Winter bauen.

☐ **Einen Barista-Kurs machen**

Ihr liebt Kaffee? Dann ist ein Batista-Kurs genau das richtige für euch. Hier lernt ihr verschiedene Brühformen, Kaffeenoten und Techniken kennen, um den perfekten Kaffee zu kreieren.

☐ **Zaubertricks lernen und euch gegenseitig vorführen**

Ihr wart schon immer fasziniert von Magie? Dann bringt euch jetzt ein paar Zaubertricks bei und veranstaltet anschließend eine Show, bei der ihr eure Tricks vorführen könnt.

4. DIE BUCKET LIST

☐ **Gemeinsam ein Bild malen und in der Wohnung aufhängen**

Schnappt euch eine Leinwand und malt einfach wild darauf los. Mit Kunst könnt ihr euren Gefühlen Ausdruck verleihen. Dabei müsst ihr einfach nur euren Emotionen folgen und über die Farben sprechen lassen.

☐ **Einen Imker-Kurs besuchen**

Bei einem Imker-Kurs erfahrt ihr, was es braucht, um an das flüssige Gold zu erlangen. Wenn es euch Spaß macht, könnt ihr anschließend auch eine Imker-Lizenz machen und euren eigenen Bienenstock im Garten anlegen.

☐ **Gebärdensprache lernen**

Die Gebärdensprache ist die Sprache der Gehörlosen. Wenn ihr also eine außergewöhnliche Sprache „sprechen" möchtet, dann solltet ihr Gebärdensprache lernen.

☐ **Einen Online-Kurs belegen**

Das Internet ist voll mit guten Online-Kursen. Dabei könnt ihr aus beliebigen Themengebieten wählen. Für jedes Gebiet wird es einen Kurs geben. Teilweise bekommt ihr sogar ein Zertifikat, das ihr auch für die berufliche Weiterbildung nutzen könnt.

4. DIE BUCKET LIST

☐ Feuer machen lernen

Das Feuer hat unsere Ahnen damals einen großen Fortschritt eingebracht. Doch nur die wenigsten könnten heute in der Not ein Feuer ohne Feuerzeug und Co. entzünden.

☐ Eine Univorlesung besuchen

Noch einmal Uniluft schnuppern und in Nostalgie versinken. Gleichzeitig könnt ihr auch noch etwas interessantes Lernen!

☐ Jodeln lernen

Jodeln macht unheimlich viel Spaß, bedarf jedoch einiges an Übung. Absolviert einen kleinen Jodel-Kurs und jodelt drauf los.

☐ Einen 100 km Lauf absolvieren

Hierbei handelt es sich einen Mega-Marsch, bei dem ihr 100 km in 24 Stunden laufen müsst. Das bedeutet, dass ihr auch die gesamte Nacht durchlaufen werdet. Diese Erfahrung wird euch an eure Grenzen bringen.

☐ Eine eigene Tradition starten

Wie wäre es mit eurer eigenen kleinen Tradition, die nur zu euch gehört?

4. DIE BUCKET LIST

☐ **Eine gemeinsame Morgenroutine entwickeln**

Oft ist der Morgen von Stress und Hektik geprägt. Doch es lohnt sich eine halbe Stunde früher aufzustehen und eine kleine Morgenroutine zu erschaffen. Dadurch werdet ihr im Alltag wesentlich gelassener sein.

☐ **An einem Yoga-Kurs teilnehmen**

Yoga steht für den Einklang zwischen Geist und Körper. Es kann sowohl herausfordernd, als auch entspannend sein. Yoga hat immer etwas Meditatives und lässt euch einmal so richtig runterfahren.

☐ **Für eine Woche im Kloster leben**

Eine Woche im Kloster kann euch helfen, um euch auf die wichtigen Dinge im Leben zurückzubesinnen und auch für Wenig unendliche Dankbarkeit zu verspüren.

☐ **Eine Kampfsportart lernen**

Kampfsport lässt euer Selbstbewusstsein steigen. Ihr lernt, wie ihr in verschiedenen Gefahrensituationen reagieren müsst, um heile aus der Situation zu kommen. Das gibt euch ein sicheres Gefühl.

☐ **Im Ausland leben**

Habt ihr schon einmal davon geträumt im Ausland zu leben? Probiert es doch einfach mal aus. Ihr müsst nicht direkt komplett auswandern. Ihr könnt erst einmal für ein paar Wochen und Monate starten und schauen, wie es euch gefällt.

☐ **Einen Sportkurs im Park mitmachen**

Hier könnt ihr Sport in der freien Natur machen und lernen, selbstbewusst mit eurem Körper umzugehen, indem ihr den neugierigen Blicken der anderen Besucher standhaltet.

☐ **Auf eine Demonstration gehen**

Gibt es etwas, für das ihr euch gerne engagieren möchtet? Klimawandel, Tierschutz, Politik ... es gibt viele Möglichkeiten, um sich zu engagieren und sich für eine bestimmte Sache einzusetzen.

☐ **Einen Fahrsicherheitskurs machen**

Das macht nicht nur eine Menge Spaß, sondern dient auch eurer Sicherheit. Die wenigsten Menschen wissen, wie sie sich in einer Unfallsituation richtig verhalten sollten, um das Schlimmste zu verhindern.

☐ **Zusammen trauern**

Einen Verlust zu erleben und zu trauern, gehört zu jeder Beziehung dazu. Dadurch werdet ihr ein noch tieferes Verbindungsgefühl aufbauen können.

4. DIE BUCKET LIST

☐ **Zu einer Paarberatung gehen**

Kein Paar auf dieser Welt ist perfekt und es gibt immer etwas, das man besser machen könntet. Geht doch einmal zu einer Paarberatung und erfahrt, welche Stellschrauben ihr für eine noch glücklichere Beziehung drehen könnt.

☐ **Erzählt euch gegenseitig etwas, was ihr noch nicht voneinander wusstet**

Gibt es etwas, was dein Partner noch nicht von dir wusste? Das kann eine persönliche Geschichte, aber auch eine lustige Anekdote sein. So lernt ihr euch noch besser kennen.

☐ **Eine neue gemeinsame Sportart finden**

Sucht euch eine gemeinsame Sportart, die ihr regelmäßig ausführen könnt. Dadurch verbringt ihr qualitative Zeit miteinander und fördert auch noch eure Gesundheit.

☐ **Ein Survival-Training machen**

Bei einem Survival-Training lernt ihr, wie ihr in der freien Wildbahn ohne viel Equipment überleben könnt. Ihr lernt beispielsweise Feuer zu machen, euch zu orientieren und euch einen Unterschlupf für die Nacht zu bauen.

4. DIE BUCKET LIST

☐ **Zusammen ein Buch schreiben**

Setzt euch hin und schreibt zusammen eine Geschichte. Ihr müsst das Buch natürlich nicht an einem Tag schreiben, sondern könnt immer mal wieder über die Wochen verteilt daran schreiben bis es vollendet ist.

☐ **Einen Knigge-Kurs besuchen**

Gute Manieren haben immer noch einen hohen Stellenwert in unserer Gesellschaft. Doch wie gut sind eure Manieren wirklich? Findet es bei einem Knigge-Kurs heraus.

☐ **Meditieren lernen**

Meditieren kann nachweislich Stress im Körper abbauen und so für Entspannung und einen klaren Kopf sorgen. Meditieren bedarf viel Übung und selbst dann ist es doch immer wieder herausfordernd der Herr über seine eigenen Gedanken zu werden.

☐ **Einen Hypnose-Kurs belegen**

Bei einem Hypnose-Kurs lernt ihr wie ihr andere Menschen und auch euch selbst hypnotisieren könnt. Dieses Wissen könnt ihr beispielsweise anwenden, um alte Muster von euch zu durchbrechen.

4. DIE BUCKET LIST

☐ **Einen Lost Place erkunden**

Lost Places sind verlassene Gebäude, in denen niemand mehr lebt. Teilweise befinden sich in der Wohnung immer noch Möbel, sodass ihr euch tolle Geschichten ausdenken könnt, wer hier wohl einmal gelebt hat.

☐ **Eine Ahnenforschung machen**

Die meisten Menschen kennen ihre Eltern, Großeltern und vielleicht noch die Ur-Großeltern. Dann hört es in der Regel aus. Grabt ein bisschen tiefer und erstellt einen richtigen Familien-Stammbau. Ich bin gespannt, wie weit ihr eure Ahnen zurückverfolgen könnt.

Kultur & Events

☐ **Ein Varieté besuchen**

Das Varieté ist eine Art Mischung aus Theater und Zirkus. Lasst euch von Musik, Tanz, Unterhaltung und Akrobatik verzaubern.

☐ **Ein Festival besuchen**

Welches Festival ihr genau besucht, bleibt euch freigestellt. Es gibt eine große Auswahl an verschiedenen Richtungen und Stilen, sodass ihr mit Sicherheit das Passende finden werdet. Feiert einmal das Wochenende so richtig durch.

4. DIE BUCKET LIST

☐ **Auf ein Rockkonzert gehen**

Besucht ein Konzert eurer Lieblings-Rockband und vergesst das Pogen nicht.

☐ **Ins Theater gehen**

Mögt ihr es lieber klassisch oder modern? Beim Theater findet ihr alles. Wie wäre es mit einem Klassiker wie Romeo und Julia?

☐ **In die Oper gehen**

Jeder sollte einmal die Erfahrung einer Oper machen. Es hat etwas ganz Besonderes an sich. Ihr dürft euch dafür richtig in Schale schmeißen. Fangt mit einer leichten Oper wie der Zauberflöte an.

☐ **Den Drehort eures Lieblingsfilms besuchen**

Ihr habt einen gemeinsamen Lieblingsfilm? Dann schaut doch einmal nach, wo dieser Film gedreht wurde und besucht den Drehort auf eurer nächsten Reise.

☐ **Auf einem Open-Air-Konzert tanzen**

Ein Open-Air-Konzert im Sommer verleiht euch ein Gefühl von Freiheit und Leichtigkeit. Tanzt und habt Spaß!

4. DIE BUCKET LIST

☐ **Eine Vernissage besuchen**

Eine Vernissage ist eine Eröffnungsfeier für eine Kunstausstellung. Eine Vernissage ist alles andere als langweilig, denn es handelt sich hier um einen unterhaltsamen Abend mit vielen verschiedenen Höhepunkten.

☐ **Auf einen Maskenball gehen**

Ein Maskenball hat immer etwas Verbotenes an sich. Man kann sich nie so genau sicher sein, wer vor einem steht und so ist es in der Vergangenheit schon zu manch einem Skandal gekommen.

☐ **Eine 20er Jahre Party besuchen**

Die Goldenen Zwanziger! Lasst euch in dieses Zeitalter verführen und nehmt an einer 20er Jahre Party teil. Besonders empfehlenswert ist die „Boheme Sauvage".

☐ **In ein Musical gehen**

Ein Musical ist voller Emotionen. Dabei habt ihr eine große Auswahl an verschiedenen Shows, sodass für jeden Geschmack etwas dabei ist.

☐ **Ein Polo-Spiel besuchen**

Polo gehört zum Sport der „Eliten" und ist häufig mit einer Menge Show verbunden. Nach dem Spiel kommt es zum traditionellen „Tritt-in", bei dem das Gras wieder in den Boden getreten wird.

☐ Auf ein Eishockey-Turnier gehen

Eishockey ist ein wilder und schneller Sport. Hier solltet ihr euch lieber auf die Zuschauerbank setzen, anstatt selbst mitzuspielen.

☐ Eine Eistanz-Show besuchen

Eine Eistanz-Show ist wunderbar kitschig und lädt zu Romantik ein.

☐ Eine Comedy-Show besuchen

Habt ihr einen gemeinsamen Lieblings-Comedian? Dann holt euch Tickets für seine nächste Show und kommt aus dem Lachen nicht mehr heraus.

☐ Einen Poetry-Slam besuchen

Beim Poetry-Slam werden selbstverfasste Texte vorgetragen. Die Vortragenden treten dabei in einem Wettbewerb gegeneinander an und die Zuschauer bestimmen anschließend den Gewinner.

☐ Ein Holi-Festival besuchen

Beim Holi-Festival handelt es sich um ein Musikfestival, das für seine bunten Farben bekannt ist. Die Farben bestehen aus einem Pulver, das euch als Feiernde einfärbt.

4. DIE BUCKET LIST

☐ Einer TV-Show als Zuschauer beiwohnen

Ihr wolltet schon immer einmal ins Fernsehen? Ihr müsst ja nicht direkt vor die Kamera treten. Ihr könnt euch auch einfach in das Publikum eurer Lieblingsshow setzen.

☐ Ein klassisches Konzert besuchen

Ihr wart vielleicht schon öfter auf Konzerten, aber wahrscheinlich noch nicht auf einem klassischen Konzert.

☐ In ein Wachsmuseum gehen

Das Madame Tussauds gehört wahrscheinlich zum berühmtesten Wachsmuseum der Welt, indem verschiedene Prominente ausgestellt sind. Das Original Wachsfigurenkabinett befindet sich in London, hat aber verschiedene Ableger auf der ganzen Welt.

☐ Eine Museumsausstellung besuchen

Ein Museum zeigt uns das Leben aus einer anderen Zeit und kann sehr interessant sein. Schaut zuvor, ob euch das Thema der Ausstellung grundsätzlich gefällt, damit es nicht zu bösen Überraschungen kommt und ihr euch plötzlich in einem Museum für Stecknadeln befindet.

☐ Eine Broadway-Show besuchen

Der Broadway ist berühmt für seine Musicals und viele Künstler träumen davon einmal am Broadway auftreten zu können.

4. DIE BUCKET LIST

☐ **Eine Lesung besuchen**

Wenn ein Autor ein neues Buch geschrieben hat, macht er meist auch eine Buchtour und gibt Lesungen. Anschließend könnt ihr euch euer Exemplar signieren lassen.

☐ **Den Super-Bowl anschauen**

Der Super-Bowl ist die Sportveranstaltung schlecht hin. Da der Super-Bowl in Amerika stattfindet, läuft er hier in Deutschland meist nachts.

☐ **Auf eine Modenschau gehen**

Es wird wahrscheinlich schwer sein an Tickets für große Modeschauen wie die Fashion Week heranzukommen. Doch es gibt auch regelmäßig kleinere Shows, die ihr besuchen könnt.

☐ **Zu den Filmfestspielen in Cannes reisen**

Einmal einen Blick auf die Welt der Stars erhaschen. Wenn ihr einen guten Platz ergattert, könnt ihr die Filmstars aus nächster Nähe auf dem Roten Teppich betrachten.

☐ **Auf ein Konzert gehen, bei dem ihr die Band nicht kennt**

Bucht euch doch einmal blind irgendein Konzertticket, ohne dass ihr die Band kennt. Bis zum Konzert dürft ihr die Band auch nicht weiter googeln, damit die Musik eine Überraschung bleibt.

☐ In den Zirkus gehen

Ein Zirkus ist voller Abenteuer und immer wieder zum Staunen. Ich empfehle euch einen Zirkus ohne Tiere, da diese häufig unter widrigen Umständen leben müssen und ihr somit solch ein Verhalten nicht unterstützt.

4.6. Wichtiger Hinweis

Die Ideen für eine Bucket List sind nahezu grenzenlos. Dementsprechend können die Ideen auch verrückt sein. Allerdings solltet ihr auch immer gewisse Gefahren bedenken. Schließlich stehen die schönen Erlebnisse im Vordergrund und ihr sollt nicht eure Leben dabei riskieren. Wenn es zu größeren Verletzungen kommen sollte, würde das einen Schatten über das Erlebnis werfen und ihr werdet zukünftig wahrscheinlich eher dazu neigen, die Bucket List nicht mehr weiterzuführen und euch damit auch wieder wenigeren Herausforderungen stellen. Die Angst kann die Abenteuerlust im Keim ersticken und das ist nicht der Sinn einer Bucket List.

Gleichzeitig solltet ihr auch Abstand von rechtlich fragwürdigen Handlungen nehmen. Ihr solltet also die rechtlichen Konsequenzen immer mit dem eigentlichen Erlebnis abwägen. Ihr könnt beispielsweise problemlos mal einen Apfel vom Baum mopsen, aber ihr solltet besser keine Bank überfallen oder euch nachts irgendwo einschließen lass. Dies kann tiefgreifende Folgen und damit einen negativen Effekt auf eure Erlebnisse haben. Handelt also in eurem eigenen Interesse stets verantwortungsbewusst und bedacht. Es gibt noch genügen Freiraum für verrückte Aktivitäten, die nicht allzu gefährlich oder verboten sind.

Natürlich kann im Laufe der Zeit die Verlockung dieser gefährlichen und verbotenen Dinge immer größer werden. Auch, wenn ihr vielleicht ein, zweimal ohne weitere Folgen davon kommt, kann dies die Hemmschwelle für immer gefährlichere Sachen senken. Daher gebt am besten der Versuchung von Anfang an nicht nach, sondern konzentriert euch auf problemlosen Abenteuer. Davon gibt es mehr als genug!

5. Eine Geschichte über die Bucket List zum Nachdenken

Damit ihr noch weitere Inspiration für eure Bucket List bekommt, möchte ich euch hier eine kleine Geschichte erzählen. Es geht dabei um den Film „Das Beste kommt zum Schluss" (engl. „The Bucket List")

In diesem Film geht es um zwei Männer, die grundsätzlich nicht unterschiedlicher sein könnten. Es geht um den Klinikbesitzer und Milliardär Edward Cole, wie den intelligenten schwarzen Automechaniker Carter Chambers. Cole war viermal verheiratet und hat eine Tochter. Chambers ist verheiratet und wollte ursprünglich einmal Geschichtsprofessor werden, was sich jedoch durch die Schwangerschaft seiner Frau nicht verwirklichen konnte. Beide erkranken an Krebs und teilen sich ein Zimmer. Durch die verschiedenen Krebsbehandlungen, die sie über sich ergehen lassen müssen, bahnt sich eine Freundschaft zwischen den beiden an. Als die beiden erfahren, dass sie nur noch sechs bis zwölf Monate leben werden, fängt Chambers an eine Bucket List zu erstellen. Dies hat er bereits schon einmal während seines Studiums gemacht, die Ziele jedoch nie umgesetzt. Auch dieses Mal scheint es so, dass er erneut aufgibt. So findet Cole eines Tages die zerknüllte Bucket List auf dem Boden und amüsiert sich über die verschiedenen Punkte. Allerdings findet er die Idee grundsätzlich gut und so erstellen

5. EINE GESCHICHTE ÜBER DIE BUCKET LIST

Cole und Chambers eine gemeinsame Bucket List. Diese Punkte beinhalten beispielsweise:

- Fallschirm springen
- einen Shelby Mustang fahren
- Pyramiden sehen
- Taj Mahal besuchen
- auf Großwildjagd gehen
- etwas Majestätisches erleben (Mount Everest)
- einem Fremden etwas Gutes tun
- Lachen bis man weint
- das schönste Mädchen der Welt küssen

Cole überzeugt Chambers, dass sie die Liste wirklich umsetzen. Chambers Frau ist von dieser Idee nicht so sehr begeistert, da sie ihren kranken Mann lieber zuhause pflegen würde. Doch Cole und Chambers machen sich auf die Reise und haken nacheinander verschiedene Punkte ab. Auf dieser Reise kommen sich die beiden Männer immer näher und lernen sich besser kennen. So erfährt Cole beispielsweise, dass Chambers noch nie mit einer anderen Frau als seiner eigenen geschlafen hat. Chambers hingegen erfährt, dass Cole mit seiner Tochter zerstritten ist. Beide wollen dem jeweils anderen helfen, um diese Punkte ebenfalls abzuhaken. So schickt Cole Chambers ein Callgirl auf das Hotelzimmer. Doch Chambers liebt seine Frau und kann diesen Schritt nicht gehen. Im Anschluss fliegt er zurück nach Hause. Auch Chambers Plan scheitert und Cole und seine Tochter zerstreiten sich erneut.

5. EINE GESCHICHTE ÜBER DIE BUCKET LIST

Während Chambers zu seiner Familie zurückkehrt, wartet auf Cole hingegen nur ein steriles Luxushaus und ein paar Prostituierte, was die Unterschiedlichkeit der beiden Männer noch einmal betont. Chambers bricht in der Nacht zusammen und muss zurück ins Krankenhaus. Er muss erneut operiert werden, da sich neue Metastasen in seinem Gehirn gebildet haben. Cole besucht ihn und so kommt es zur Versöhnung. Chambers gibt Cole zu verstehen, dass er die Liste alleine fortführen soll. Gleichzeitig zeigt Chambers Cole, woraus die Bohnen seines Lieblingskaffees „Kopi-Luwak" bestehen: Es sind Bohnen, die von einer Schleichkatze ausgeschieden werden. Das bringt die beiden so sehr zum Lachen, dass sie weinen müssen. Somit können sie einen weiteren Punkt von ihrer Liste streichen. Chambers stirbt während der OP.

Cole erfüllt Chambers letzten Wunsch und versöhnt sich mit seiner Tochter. In diesem Zuge lernt er auch seine Enkeltochter kennen und kann damit das schönste Mädchen der Welt küssen. Auf Chambers Beerdigung hält Cole eine Rede und erzählt, dass Chambers für ihn vor kurzer Zeit noch ein Fremder war und somit den Punkt „einem Fremden etwas Gutes tun" abhaken kann. Cole stirbt einige Jahre später. Seine Asche wird auf den Himalaya getragen. Dort befindet sich auch die Asche von Chambers. Somit können die beiden noch nach ihrem Tod etwas Majestätisches erleben und den letzten Punkt vollenden. Die Liste verbleibt zusammen mit den beiden auf dem Himalaya.

Chambers und Cole haben während dieser letzten Monate erkannt, worauf es im Leben wirklich ankommt - die Liebe. Daher ist es so wichtig, dass ihr euch die Liebe in eurer Beziehung erhaltet und die schönsten Dinge zusammen erlebt. So könnt ihr das Traumleben, dass ihr euch immer

5. EINE GESCHICHTE ÜBER DIE BUCKET LIST

gewünscht habt, auch ausleben. Führt ein Leben ohne Reue. Das Leben ist zu kurz, um auf Abenteuer zu verzichten. Wir haben nur dieses eine Leben und wir wissen nicht, wieviel Zeit uns noch bleibt, um uns unsere Träume erfüllen zu können.

6. Schlusswort

Ich bedanke mich, dass ihr bis hierhin gelesen habt und euch das Konzept der Bucket List so gut gefällt. Ihr könnt damit einen echten Wandel in euer Beziehung erwirken und wieder zueinander finden. Eure Liebe ist etwas ganz Besonderes, was ihr in Ehren halten solltet. Ich wünsche euch ganz viel Freude beim Erstellen eurer eigenen Bucket List und natürlich auch beim Erfüllen eurer Ziele und Träume. Träumt groß, seid verrückt und lasst das Glück in euer Leben.

Vielleicht kennst du jemanden, für den eine Bucket List ebenso bereichernd sein kann. Das Buch eignet sich auch wunderbar als Geschenk für andere Abenteurer des Lebens!

Viel Spaß!

Printed in Poland
by Amazon Fulfillment
Poland Sp. z o.o., Wrocław